MÉMOIRES
D'ATHANAÏSE.
II.

MÉMOIRES
D'ATHANAÏSE,

PAR

MADAME GUÉNARD,

auteur d'Irma, des Mémoires de Madame la
Princesse de Lamballe, etc.

TOME SECOND.

A PARIS,

CHEZ CH. POUGENS, LIBRAIRE,
QUAI VOLTAIRE, N°. 10.

1803.

MÉMOIRES D'ATHANAÏSE.

HISTOIRE D'ATHANAÏSE,

remise à Célicour, le 2 mai 1743.

IL est donc arrivé, ce moment où l'honneur m'ordonne de me montrer à tes yeux telle que je suis, dépouillée de tout éclat extérieur, n'étant rien que par moi même; pouvant, il est vrai, descendre dans mon propre cœur sans rougir, mais ayant perdu aux yeux des hommes, qui ne jugent que par les apparences, le trésor le plus précieux à une femme, sa réputation !

Amour, charme et tourment de ma

vie, soutiens-moi dans cette tâche pénible, épure à ton flambeau la lumière de la vérité. Ces titres, ces richesses, cette magnificence qui m'environnent, effets du hasard pour tous les hommes, furent plus encore pour moi que pour tout autre, un caprice inconcevable de la fortune, qui parut n'avoir rendu ma naissance si obscure que pour faire un contraste plus frappant avec le rang que je parois occuper.

J'ignore à qui je dois la vie, et je n'avois pas encore deux mois qu'une femme inconnue m'apporta dans un de ces asyles destinés aux enfans que la misère ou la cruauté rejettent du sein de leurs parens; cependant il ne paroisoit pas que les miens fussent pauvres. Hélas! quelle raison put donc les contraindre à m'enlever la douceur de les connoître. Cette femme dit que je me nommois Athanaïse, et fit ajouter sur les registres que je portois au bras gauche un chiffre, qui selon toutes les apparences, renfermoit les lettres initiales des noms des auteurs de mes jours : le temps ne les a point effacées, cependant personne ne m'a réclamée. La digne religieuse qui me reçut s'attacha à moi, et me recommanda particulièrement à la nourice qui devoit remplacer pour moi, la mère qui m'abandonnoit, ou à qui on m'avoit enlevé ; car, comment peut-on croire qu'une mère se prive volontairement des premières caresses de son enfant ? Je revins à l'âge de trois ans dans la maison, et la bonne sœur qui m'avoit prise en affection dès les premiers momens, me combla de caresses, je devins son enfant chéri, et j'ose dire que je n'éprouvai d'autre chagrin que celui d'ignorer qui j'étois. Un jour qu'elle m'avoit mené promener avec mes compagnes, nous rencontrâmes un homme et une femme d'une cinquantaine d'années; ils s'arrêtèrent pour me regarder; et, s'adressant à la sœur Guyot, lui demandèrent s'il n'étoit pas possible de m'avoir chez eux? — Je m'en détacherois difficilement, répondit cette bonne fille; mais si c'est pour son bonheur, il faudra bien s'y résoudre. M. Dubois, c'étoit le nom du mari, répondit: je ne la demande pas pour la rendre malheureuse; nous n'avons point d'enfans, elle nous en tiendra lieu.

Le lendemain, monsieur et madame Dubois vinrent me chercher, ils apportèrent un habillement tout à la fois simple et agréable; on me le fit mettre: mais il ne me consoloit pas de quitter celle qui avoit rendu mon enfance si heureuse. Elle demanda à madame Dubois de m'amener quelquefois dans la maison pour la voir, ce qu'elle lui promit. Rien n'est comparable aux soins, à la tendresse que madame Dubois me témoigna; c'est à elle que je dois les vertus qui me forcent à vous faire cet aveu. Je ne la quittois pas un instant : je trouvois toujours dans sa conversation, dans celle de son mari, des moyens de m'instruire en m'amusant. Ils m'avoient donné toutes les connoissances nécessaires, et mêmes supérieures à mon état. M. Dubois avoit tenu assez long temps une maison d'éducation, la foiblesse de sa santé ne lui avoit pas permis de continuer ce genre de vie. Il avoit placé sur sa tête et sur celle de sa femme, un somme dont la rente suffisoit au delà de leur subsistance, et ils comptoient faire des économies pour m'assurer un sort après eux.

Madame Dubois étoit d'une haute piété sans cagotisme, et elle rendoit la religion aimable. Le père Lebrun, jésuite, étoit son directeur. Nous allions tous les jours entendre la messe à la maison professe de la rue Saint-Antoine. Le bon père venoit quelquefois déjeûner chez sa pénitente; il me parloit avec beaucoup d'intérêt, et m'engageoit à ne m'écarter jamais des bons principes que j'avois reçus. Je l'écoutois avec le plus grand respect, et je partageois la confiance aveugle que mes protecteurs avoient en lui.

Un jour que nous entrions aux Grands-Jésuites, un homme qui me parut étranger, me regarda très-fixement, puis me suivit et vint se mettre à genoux à côté de moi. Je fus si embarrassée que je changeai de place, et passai de l'autre côté de madame Dubois, qui, toute occupée de ses prières, n'y fit pas la moindre attention. Peu de jours après, l'appartement qui étoit à côté du nôtre fut à louer. Celui qui vint s'y établir, fit, dès le jour suivant, une visite à mes bienfaiteurs. Il me déplut sans que j'en devinasse la cause ; je le dis franchement à madame Dubois, qui traita cette antipathie d'enfantillage, et continua à recevoir ses visites : j'avois alors onze ans et demi, et plus je voyois cet homme, qui s'étoit fait appeler Dupuis, et plus il m'étoit odieux. Cependant, tout annonçoit en lui une extrême sévérité de mœurs ; bientôt il fit connoissance avec le jésuite, et se mit au rang de ses dirigés, ce qui le lia infiniment avec monsieur et madame Dubois ; il étoit presque toute la journée chez eux, il s'offrit même à m'enseigner la musique. J'aurois bien voulu refuser ; mais le père Lebrun me prouva que les talens agréables étant un bienfait de la divinité, ce seroit l'offenser que de ne pas les acquérir quand l'occasion s'en présentoit ; il fallut donc accepter les soins de M. Dupuis ; je ne l'en aimois pas davantage, quoique je fisse d'assez grands progrès : cependant, tant que le ciel me conservoit celle qui me tenoit lieu de mère, je n'avois rien à redouter. Mais tout à coup elle fut attaquée d'une maladie, qui la conduisit au tombeau. Rien n'est compable à la douleur que j'en éprouvai. Le père Lebrun, M. Dupuis, faisoient tout ce qu'ils pouvoient pour me consoler, et ils y réussissoient moins que d'autres.

Je ne trouvois de douceur qu'à pleurer, avec M. Dubois, celle que nous avions tant de sujet de regretter. Le traitre Dupuis ayant laissé passer quelques jours, entre chez mon bienfaiteur avec le R. P. Tous deux déplorent la perte que nous avions faite, tous deux concluent qu'il me falloit mettre au couvent. Je n'en voyois pas la nécessité, et je fis l'impossible pour rester chez M. Dubois ; mais le père Lebrun me fit une telle frayeur des piéges qui me seroient tendus de toutes parts, que je me jetai dans celui que ces hommes atroces me dressoient. Dupuis ayant trouvé le moment de me parler seul, me dit, en me recommandant le secret, qu'il avoit des nouvelles de mes parens, et que c'étoit par leur ordre qu'il me conduiroit à l'abbaye de Saint-Antoine, où je serois élevée par une de ses cousines; que dans cette maison on le nommoit le chevalier de ***, nom d'une terre ; mais qu'il aimoit mieux être connu sous celui de Dupuis, comme plus modeste, et convenant mieux à la médiocrité de sa forutne. — Quoi ! lui dis-je, vous connoissez mes parens ?.... Je pourrois les revoir ? — Je l'espère; mais songez qu'il y va de leur vie si vous dites un seul mot. — Ah ! monsieur, assurez-les que je ne trahirai pas leur secret, que mon respect pour eux égale ma tendresse. — Vous vous appellerez Athanaïse de Saint-Fal. — Comme vous voudrez, monsieur, est-ce que je ne verrai pas M. Dubois? — Certainement vous le verrez; mais il faut laisser passer quelque temps; ne parlez pas de lui dans la maison, cela est plus essentiel que vous ne pouvez l'imaginer. Vous devez beaucoup à M. Dubois; mais, mon cher enfant, il est des choses que vous ne pouvez pas comprendre; que vous saurez par la suite. Enfin, rendez grâces au ciel qui m'a fait découvrir vos parens, et me met à même de vous enlever à un monde corrompu: demandez plutôt au père Lebrun, qui entroit dans le moment, il sait bien ce qui en est. — Oh! oui, mon enfant, je suis obligé de vous dire que je tremble tant que je vous vois ici ; mais tout est prêt à l'abbaye pour vous recevoir, dès demain vous vous y rendrez.

Qu'on s'imagine tout ce qui se passoit dans la tête d'une jeune fille qui n'avoit pas douze ans, à laquelle on présentoit à la fois tant d'idées nouvelles ; on vouloit que je me méfiasse d'un homme à qui devois tant, que je le quittasse pour toujours, dans l'espoir de revoir des parens qui m'avoient abandonnée ; et pourquoi ce jésuite qui étoit, il n'y avoit pas trois mois, l'admirateur des vertus de monsieur et de madame Dubois, cherchoit-il à m'inspirer tant de défiance ; vingt fois je fus prête à tout raconter à mon bienfaiteur, mais j'étois retenue par la crainte d'exposer les auteurs de mes jours, et par l'idée que j'avois des vertus de ce jésuite. M. Dubois, d'un autre côté, sentoit la charge énorme de garder au milieu de Paris, une jeune fille assez belle, il se hâta d'accepter l'offre de me mettre au couvent. — Dès que vous serez à l'abbaye Saint-Antoine, me dit-il, j'irai dans ma famille passer quelque temps, pour me distraire, s'il est possible, du sujet de ma douleur.

Il me fallut donc quitter cette maison où je trouvois encore des traces de mon amie, où tout me rappeloit ses leçons. Malgré tout ce qu'on disoit, j'honorois M. Dubois comme un père, et je ne me séparai de lui qu'avec le plus violent chagrin; je lui fis promettre qu'aussitôt qu'il seroit de retour, il viendroit me voir, et que pendant son absence il me donneroit de ses nouvelles. Il me le promit, m'écrivit quelquefois, mais je n'ai pas eu la satisfaction de le revoir. J'ignore même quel pays il habite, et mes recherches ont été vaines.

A peine

A peine fus-je entrée dans l'abbaye, que l'abbesse demanda à me voir, me loua sur les foibles avantages que j'avois reçus de la nature, et me recommanda à madame de Saint-Antoine, maîtresse des pensionnaires. Le chevalier de ***, m'avoit aussi recommandé à sa cousine ; elle ne me plut pas davantage que lui. Aussi, je restois toujours avec madame de St-Antoine, sans cependant lui ouvrir mon cœur sur tout ce qui regardoit ma naissance. Le chevalier de *** partit pour Londres peu de jours après m'avoir conduite à l'abbaye ; il donna les ordres les plus absolus pour que je ne visse personne à la grille, excepté le père Lebrun ; il paya d'avance deux ans de ma pension, et laissa à madame de Saint-Antoine l'argent nécessaire pour me procurer tous les talens agréables. Je travaillai avec beaucoup d'assiduité, dans l'espérance de dédommager mes parens de l'excessive dépense qu'ils faisoient pour moi. Que ne vous ai-je connu dans cet instant, j'étois pauvre alors, et je n'avois pas encore été forcée de rougir.

Le père Lebrun venoit souvent au parloir, et m'engageoit à profiter de l'éducation que l'on me donnoit. — Vous ne serez pas toujours, me disoit-il, dans cet état obscur, il faudra vous former pour être digne de l'époux que l'on vous destine. — Quoi, mon père, on veut me marier ? ah mon Dieu ! Dès que mes parens existent, ne me laissera-t-on pas jouir de la douceur d'être quelques années auprès de ma mère, je suis encore si jeune. — Mon enfant, vous ploierez plus facilement au joug du mariage ; car ne croyez pas que ce soit un état parfaitement heureux ; mais vous vous santifierez par les peines que vous éprouverez, en les offrant en expiation de vos fautes. Ah! mon père, il faudra donc quitter madame de Saint-Antoine, comme j'ai quitté ce bon M. Dubois, à qui vous prêtiez des vues que sûrement il n'avoit pas ; si vous lisiez les lettres qu'il m'écrit..... Ah! il revient bientôt, je le reverrai. — Tant mieux, ma chère fille, si nous nous sommes trompés..... mais la fragilité de notre nature est si grande, que l'on ne peut prendre trop de précaution..... Quand revient-il ? — Dans quinze jours au plus tard. — Peut-être d'ici à ce temps, aurez-vous à lui faire part de nouvelles satisfaisantes, et il me quitta.

J'avois beau réfléchir, je ne comprenois rien à mon sort ; mais au bout de huit jours, le père Lebrun m'apporta une lettre du chevalier de ***, qui en contenoit une de ma mère, où du moins qu'il disoit être d'elle; car ne connoissant pas son écriture, il falloit bien l'en croire sur parole. Je lus et relus bien des fois ces témoignages de mon bonheur. Je n'étois pas isolée sur la terre, ma mère m'appeloit auprès d'elle; je croyois déjà sentir palpiter son cœur contre le mien : je portai cette lettre à madame de Saint-Antoine, elle me félicita sur mon bonheur; mais elle n'en marqua pas moins le plus tendre regret de nous séparer, car cette lettre m'annonçoit que le chevalier de *** viendroit me chercher pour me conduire à Bayonne, d'où la lettre étoit datée, et qu'il seroit accompagné d'une de ses femmes. Cette expression annonçoit que ma mère avoit de la fortune, et un état de maison qui y répondoit; mes compagnes me le firent remarquer, pour moi, je ne voyois rien que le bonheur de me réunir à ma mère, de me trouver près d'elle, et ce qui m'affligeoit, c'étoit qu'elle ne me parlât pas de mon père. Étoit-il mort? ou ne vouloit-il pas me reconnoître? Cette pensée tempéra la joie et l'impatience où j'étois de voir arriver le chevalier de ***.

Enfin ce jour dont le souvenir m'est à jamais présent, vint éclairer l'horizon, je me réveillai avec un serrement de cœur, une inquiétude dont j'ignorois la cause, je lus et relus la lettre de ma mère, je la trouvai froide, il me sembloit que dans cette position j'aurois écrit toute autre chose à ma fille. Le langage de la nature n'est pas connu des scélérats, et à quatorze ans il me l'étoit mieux qu'à eux, parce que les traces des vertus étoit déjà profondément empreintes dans mon cœur; mais eux comment auroient-ils deviné ce qu'une mère peut dire à sa fille après quatorze ans d'abandon, lorsqu'ils calculoient les moyens de perdre cette malheureuse fille qu'ils étoient venus chercher exprès pour en faire leur victime. Non, non, il n'est qu'une âme pure qui sache parler le langage du cœur. Je n'avois pas l'idée que cette lettre étoit supposée, je ne connoissois pas assez la perfidie des hommes pour l'imaginer ; mais je me disois : ma mère ne m'aime pas, elle n'a pas ressenti cette douleur que j'aurois, si on m'enlevoit mon enfant, ni cet empressement de me revoir.... pourquoi ne revient-elle pas elle-même ? Ah ! ma mère ne m'aime pas. Puis, je me reprochois cette pensée en me rappelant tous les soins qu'on avoit eus de moi à l'abbaye, et me livrois de nouveau au plaisir de la reconnoissance.

Comme j'étois en proie à ces différens sentimens, j'entendis une voiture dans la cour, on vint m'avertir qu'on me demandoit au parloir ; je m'y rendis. C'étoit le chevalier de *** et une femme dont la physionomie annonçoit la candeur: elle me dit les choses les plus flatteuses ; je lui parlai de ma mère, elle m'exprima le désir qu'elle avoit de m'avoir, et mit tant de feu dans ses discours, qu'elle me fit verser des larmes de tendresse. Le chevalier profita de ce moment pour hâter mon départ en me disant : — Il faut monter en voiture sur-le-champ, pour nous avancer le plus possible ; nous avons plus de cent-cinquante lieues à faire. — Quoi, tout de suite ? Je n'éprouvois pas cet élan de l'âme qui nous porte vers les auteurs de nos jours, ce n'étoit qu'en frémissant que je pensois que j'allois quitter cet asyle de paix, et que je ne reverrois plus madame de St.-Antoine :

je la suppliai de m'écrire et de me continuer ses conseils qui m'étoient si nécessaires ; elle me le promit, et vint dans ma chambre pour aider aux préparatifs de mon voyage, qui ne furent pas aussi longs que je l'aurois désiré. Enfin je descendis à la porte où toutes mes compagnes s'étoient rendues pour me faire leurs adieux. Je ne pus me séparer d'elles sans verser des larmes, et me jettant dans les bras de madame de Saint-Antoine, je ne pouvois m'en arracher, quand cette prétendue femme de chambre de ma mère, me dit : votre reconnoissance pour madame, est un sentiment bien naturel ; mais, mademoiselle, vous la reverrez, madame la marquise viendra à Paris, ainsi ne vous affligez pas, pensez que tous les momens que vous restez ici, en sont autant que vous dérobez à la plus tendre des mères, et en me disant ces mots, elle m'entraîna dans la voiture qui partit comme un trait.

Je gardai le silence pendant quelque tems, puis, je hasardai quelques questions qui avoient trait à ma mère: je demandois comment il pouvoit se faire qu'elle ne me parlât pas de mon père; et si je l'avois perdu. — Vous saurez tout cela, me répondit le chevalier, et cette femme me regardoit toujours. Hélas ! je croyois que c'étoit par amitié. — Elle est bien belle ! comme on la chérira !... Il en sera fou. — De qui parlez-vous ? — De votre futur mari, ma petite. — Quoi, M. le chevalier, ma mère veut me marier en arrivant ? — Oui, mademoiselle il faut bien vous y résoudre ; vous ne trouvez que trois cents mille livres de rente, un officier-général du plus grand mérite. — Tout cela est fort bon, et si je ne l'aime pas ? — Vous ferez comme si vous l'aimiez,

2.

est-ce que les femmes ont besoin d'aimer pour se donner à un homme à qui elles conviennent ? J'espère que vous ne ferez pas l'enfant ; car cela n'en seroit pas moins, et mieux vaut de bonne grâce.... — Mais il me semble que si je ne voulois pas épouser un homme qui me déplût, rien dans la nature ne pourroit m'y contraindre. — C'est ce qui vous trompe, dit le chevalier, je suis sûr qu'il vous plaira. Pourquoi vous mettre ces chimères dans la tête ? pensez bien plutôt à ce que la fortune fait pour vous, en vous donnant tout-à-coup la meilleure maison, des diamans, des robes, des dentelles, six chevaux à vos ordres, des femmes, des valets pour faire votre volonté ; sans que vous ayez d'autres peines que de vous laisser aimer et de paroître y répondre. — Mais, monsieur, n'est-il donc pas de devoir attaché à l'état du mariage, et suffit-il de partager les richesses d'un époux, ne doit-on pas veiller à l'intérieur de son ménage, élever ses enfans, s'instruire tous les jours pour être plus digne de cette honorable fonction ? — Vous peignez un ménage bourgeois, mais c'est de la maison d'un très-grand seigneur que je vous parle. — Les lois de la nature sont les mêmes pour tous les hommes; et si j'épouse ce grand seigneur, ce qui ne me paroît pas bien décidé, je serai dans l'intérieur de ma maison, comme l'étoit madame Dubois, ma bonne, ma respectable amie. — Vous vous feriez mocquer de vous. — Eh ! que m'importe, pourvu que je me rende un bon compte de moi-même.... Puis la femme qui m'accompagnoit m'interrompit pour dire : — Elle a la main belle, un peu trop longue..... en tout elle est très-bien.

Nous ne descendîmes point pour dîner : les postillons alloient très-vîte ; ils étoient bien payés. Je ne comprenois rien à tout ce que j'entendois, on ne me disoit plus rien de ma mère ; quand je voulois en parler, on sourioit ; je m'impatientois, je pleurois, on n'en tenoit compte ; et mes deux abominables guides continuoient à parler un jargon que je n'entendois pas. Cependant le jour tomboit, et nous étions dans un grand bois ; (que j'ai su depuis être la forêt d'Orléans.) Cette obscurité, ce silence, tout ajoutoit à ma terreur. — Nous n'arriverons donc jamais, leur dis-je. — N'ayez nulle inquiétude, nous arriverons, et je vous assure qu'on ne vous attend pas avec moins d'impatience que vous en avez d'arriver. Je n'étois jamais sortie de Paris je n'avois nulle idée d'une aussi longue route ; cependant je savois que nous courions la poste, et quoiqu'il fît nuit, je vis à la lueur des lanternes, que nous changions de chevaux, que ceux qu'on atteloit à la diligence étoient très-beaux, et que le postillon étoit galonné sur toutes les coutures. — Nous approchons donc de chez ma mère.... sont-ce là ses chevaux.... ses gens? — Oui oui, répondit le chevalier, et on se remit en marche. Mon cœur battoit, mais c'étoit bien plus de la crainte que du désir d'arriver.

Nous quittâmes la grande route et nous allions à travers bois. Enfin nous arrivâmes, le postillon se fit entendre; on ouvre une petite porte, trois personnes en sortent, on me prend dans la voiture, la femme qui y étoit avec moi en descend; on me porte dans la cour, la porte se referme, et je ne vois pas le chevalier de *** descendre de voiture; je me débats dans les bras de ceux qui me tenoient, je demande où l'on me conduit.... pourquoi le chevalier m'abandonnoit-il, on ne me répondit rien; on me fait entrer dans un appartement délicieusement meublé et parfaitement éclairé, deux autres femmes moins âgées que celle qui avoit voyagé avec moi, entrent au même instant et m'offrent leur service, je les repousse avec l'action du désespoir. —Qui êtes-vous? leur dis-je, où est ma mère..... où est-elle, que je me jette à ses pieds. — Vous la verrez quand il en sera tems, reprit la duègne, ne faut-il pas avant faire votre toilette.... vous pensez bien que vous ne pouvez paroître devant madame la marquise, aussi mal arrangée. Et en même tems elle me présenta de la part de ma mère, un écran de diamans du plus grand prix. En moins d'une heure je fus habillée avec autant de recherche que de goût ; je ne pus m'empêcher de jeter un coup d'œil sur une glace, et je fus éblouie de l'éclat de ma parure.

Dès que ces femmes eurent fini ma toilette, elles me conduisirent dans une pièce (que j'ai su depuis s'appeler un boudoir,) et fermèrent la porte à double tour. Elles m'y laissèrent absolument seule. Qu'on se figure ce qui pouvoit se passer dans la tête d'un enfant de quatorze ans. Cependant l'instinct, si je puis me servir de cette expression, l'instinct de la vertu, m'avertissoit que tout ce qui m'entouroit étoit autant de piéges tendus à mon innocence. Frappée d'une terreur secrette, je ne vis d'autre espoir que dans la bonté de Dieu, je me jetai à genoux, j'invoquai l'Être suprême, et lui demandai de mourir plutôt que de l'offenser. Je priois avec la plus grande ferveur, quand tout à coup la porte du boudoir s'ouvrit; je n'ai pas le temps de me relever, que je vois entrer un homme d'environ soixante ans, d'une taille élevée, la figure fière et dure; il étoit vêtu magnifiquement, et décoré de plusieurs ordres; j'espérai un moment que c'étoit mon père..... mais, où étoit ma mère? J'étois toute tremblante; il veut me donner la main pour m'aider à me relever, je retire la mienne avec effroi; il me regardoit avec un air de surprise mêlé d'admiration. Nous ne nous étions encore rien dit, cependant il referma la porte à double tour et mit la clef dans sa poche. — Pourquoi fermez-vous cette porte?.... qui êtes-vous..... Si vous êtes mon père, dites-le moi? — Oui je le suis par l'intérêt que vous m'inspirez, par les soins que j'ai pris de votre jeunesse, par la tendresse que je vous ai vouée dès le premier instant que je vous ai vue. —

Ah! monsieur, dis-je en me jetant à ses pieds, je vous supplie au nom de cette tendresse que vous dites avoir pour moi, rendez-moi la liberté, que que j'aille rejoindre ma mère; pourquoi m'enfermer loin d'elle. J'embrasse vos genoux : rendez-moi à ma mère, elle me demande..... voilà sa lettre. Il paroissoit extrêmement ému, et vouloit me relever; mais je m'obstinois à rester dans la même situation, je tenois une de ses mains que je baignois de mes larmes, il prit la mienne qu'il serra avec la plus vive expression. Puis il me força à m'asseoir auprès de lui, et me dit :
— Il est temps que vous connoissiez votre sort..... Vous n'avez pas de parens, et la fable que j'ai fait bâtir par mon écuyer, n'étoit qu'afin de vous tirer de l'obscurité où vous languissiez, pour donner à votre âme plus d'énergie, et faire que celles qui seroient chargées

de vous, en prissent plus de soin que d'un enfant abandonné ; mais il n'en n'est pas moins vrai que vous n'êtes qu'Athanaïse, mais Athanaïse en qui la nature s'est plu à donner le modèle de la beauté et des grâces ; je sais que vos talens les égalent : vous venez de me donner des preuves de l'excellence de votre cœur, ainsi le mortel qui vous possédera, sera le plus heureux des hommes, et j'espère que ce sera moi. Il y a deux ans que j'en ai conçu l'espoir; rappelez-vous que vous vîtes aux Grands Jésuites un étranger. Hélas! je le vois, vous n'en n'avez pas conservé le plus léger souvenir. Mais vous fîtes sur tout mon être une impression que rien n'a pu effacer, je sentis qu'il me falloit mourir ou réussir à vous plaire. Des ordres supérieurs me forçoient de partir pour l'Amérique, que pouvois-je faire alors ? Votre extrême jeunesse, mille obstacles que je prévoyois, auroient demandé beaucoup plus de temps qu'il ne m'en restoit avant mon départ. Je confiai mon secret amour au chevalier de ✱✱✱, qui me promit de trouver les moyens, sans vous causer aucun chagrin, d'empêcher que votre cœur s'attachât à personne, et de me donner la possibilité, aussitôt mon retour, de vous exprimer tous mes sentimens. Je suis arrivé à Brest, il n'y a pas quinze jours; mais que le temps m'a paru long! Enfin je vous revois, et je puis vous jurer que je n'existerai que pour vous, que tout ce que je possède est à vous. Je suis le lord Walmore, j'ai trente mille livres sterling de revenu, je ne suis point marié, je n'ai pas d'enfans, et vous pouvez être assurée du sort le plus doux. Je perdis en un instant mes plus douces espérances, je me trouvois en la puissance d'un homme qui me causoit un effroi que je ne puis exprimer ; je passai de la stupeur à la plus violente colère. — Quoi! lui dis-je, vous prétendez abuser des droits que la crédulité vous a donnés sur moi.... que prétendez-vous ?.... qu'osez-vous ?.... Je ne suis, dites-vous, qu'un enfant abandonné? Ne suis-je pas celui d'un être juste, qui ne souffrira pas que vous abusiez du droit du plus fort..... Je ne sais ce que vous pouvez vouloir ; mais je vous déclare que je suis déterminée à mourir plutôt que de trahir la vertu. J'ignore ce que vous voulez, je le répète, mais je me dis : on ne m'auroit pas amenée ici avec tant de mystère, on ne m'auroit pas enfermée dans ce cabinet..... vous n'en auriez pas ôté la clef, si vous n'aviez des desseins criminels ; mais Dieu ne m'abandonnera pas..... Si vous avez cru me séduire par des parures qui ne conviennent plus à mon état, reprenez-les !..... En disant cela, j'arrachois les diamans, les fleurs, les rubans dont on m'avoit couverte, comme on ornoit de guirlandes et de bandelettes les victimes qu'on offroit en sacrifice. Le lord me regardoit avec enthousiasme, et sans s'opposer à rien de tout ce que je faisois ; il sembloit trouver dans ma conduite envers lui, un nouveau sujet de m'aimer. Mais lorsqu'ensuite il me vit me précipiter contre la porte, et faire tous mes efforts pour l'ouvrir, sans penser que je pouvois plutôt me briser contre elle que d'y réussir, il vint à moi avec la plus grande douceur ; mais je lui criai : — N'avancez pas. Je suis résolue de mourir plutôt que de permettre que vous m'approchiez..... — Pourquoi me craignez-vous ? Ah ! je ne suis pas un méchant homme, j'honore la vertu, et vous m'en devenez plus chère, écoutez-moi ?

— Non, je veux sortir..... Voyant que j'avois inutilement espéré de forcer la porte, je m'élançai du côté de la fenêtre, j'allois l'ouvrir pour me précipiter dans les fossés du château, quand le lord me saisit, et me jurant sur tout ce qu'il y a de plus sacré qu'il ne me feroit aucune violence, il me demanda de me calmer, qu'il alloit me laisser quand il m'auroit remise dans les mains de mes femmes, que je pouvois regarder cette maison comme à moi, que tout y seroit soumis à mes ordres ; qu'il ne me demandoit que la permission de venir me voir, et qu'il attendoit du temps et de sa constance, son bonheur : en disant cela, il sonna, ses femmes entrèrent. Je rougis en paroissant devant elles dans le désordre où j'étois, je craignois qu'elles ne pensassent que j'avois pu consentir.... Je ne savois à quoi; mais il n'est pas de femme qui n'ait la crainte du déshonneur, sans savoir qui peut en être la cause. Je fus très-rassurée quand j'entendis le lord dire à celles qui m'avoient amenée chez lui, de se conduire avec moi de la manière la plus repectueuse. — C'est un ange, ajouta-t-il, et malheur à celle d'entre vous dont elle auroit à se plaindre; puis il sortit.

J'étois tellement fatiguée, et de la route et de cette crise, que je pouvois à peine me soutenir; les femmes me demandèrent si je ne ferois pas bien de me coucher, que je paroissois souffrante. — Oh! oui, je souffre beaucoup; mais rien ne peut adoucir mes maux tant que je serai dans cette abominable maison. Cependant, comme je ne pourrois sortir cette nuit sans courir les plus grands dangers, je veux bien me coucher; mais je vous demande, au nom de l'humanité, qu'une de vous passe la nuit dans ma chambre : elles me le promirent, en m'assurant cependant, que d'après la manière dont le lord avoit parlé je n'avois rien à craindre.

Je me mis dans mon lit, où l'on m'apporta un bouillon que j'eus bien de la peine à prendre. Malgré la douleur profonde que j'éprouvois et les inquiétudes de mon sort, j'étois dans l'âge où le besoin du sommeil se fait sentir impérieusement, aussi je m'endormis profondément, et ne me réveillai que le lendemain matin fort tard..... J'avois peine à rassembler quelques idées, et je croyois sortir d'un songe pénible, quand une des femmes s'approcha de mon lit, et me remit un billet signé Walmore. Je le joins ici.

Billet

Billet du lord Walmore à Athanaïse.

Ce jeudi.

« Je ne saurois vous exprimer, mademoiselle, l'admiration que vous m'avez inspirée. Je ne vous parle pas de votre beauté, elle est faite pour enflammer le cœur le plus froid ; mais la dignité de votre conduite, l'énergie de votre âme a subjugué la mienne. Je sens qu'il faudroit mourir, si j'étois séparé de vous : c'est donc inutilement, que vous réclameriez une liberté qu'il n'est pas en mon pouvoir de vous accorder ; mais ne craignez aucune insulte, vous serez ici respectée et servie en souveraine ; cependant j'espère que je ne serai pas toujours le plus infortuné des hommes.

LORD WALMORE.

Que veut-il ?.... Que prétend-il ?.... Rien ne peut changer ma résolution. — Dites-lui que je peux mourir, mais non consentir à rien qui blesse la vertu. — Vous ne voulez donc pas le voir ? — Non.... et je me mis à pleurer. — Hélas ! me disois-je à moi-même, suis-je assez infortunée ; pourquoi cet homme prétend-il m'enchaîner ? Je veux m'en aller, je veux aller retrouver M. Dubois. Les monstres, ils l'ont calomnié.... Mais lui, pourquoi a-t-il eu la foiblesse de consentir..... Ah ! que je suis malheureuse !

Six jours se passèrent ainsi ; je cherchois inutilement les moyens de m'échapper. Enfin, le chevalier de *** osa se présenter devant moi, je l'accablai de reproches qu'il soutint avec l'audace du crime, et il finit par me dire que le lord m'offroit de m'épouser secrètement. Je le refusai, il me fit entrevoir que c'étoit le seul moyen d'être rendue à la liberté ; et me dit qu'il reviendroit le lendemain avec quelqu'un qui auroit peut-être plus le talent de me persuader.

En effet, je le vis revenir avec le père Lebrun, et il sortit aussitôt. Je ne pus, malgré le respect dans lequel j'avois été élevé pour ceux de sa robe et pour lui particulièrement, m'empêcher de lui montrer mon étonnement de ce qu'il se fût prêté à cette affreuse intrigue. Il me jura qu'il avoit été trompé par le chevalier de *** et qu'il avoit cru de bonne foi que l'on me conduisoit chez ma mère. Il loua le ciel de ce qu'il m'avoit fait triompher d'une si rude épreuve.—Mais enfin, ajouta-t-il, on vous offre le seul dédommagement qu'on puisse vous proposer ; pourquoi vous y refuser ?—Mais, mon père, le lord est Irlandois protestant. — Mon enfant, *la femme fidelle convertit le mari infidèle*; c'est Saint-Paul qui l'a dit, et on peut l'en croire. — Mais je ne l'aime pas. — Raison de plus pour mortifier vos sens. — Mais un mariage secret n'empêche point le scandale. — *Malheur*, ma chère fille, *à qui se scandalise*. — Soit, mon père, mais il est dit aussi : *malheur à celui par qui le scandale arrive*. — Oui, quand c'est sa faute, mais vous, ma chère fille, pouvez-vous faire autrement, à qui aurez-vous recours, vous n'avez pas de parens, vous ne possédez rien sous le soleil ; il vous faudra donc mendier, et avec des yeux comme les vôtres, Dieu sait quelle aumône on vous feroit. Vous n'avez d'autre parti à prendre que d'épouser milord, et pour vous prouver que je n'y trouve aucun mal, c'est que ce sera moi qui vous marierai. —

Mais, mon père, si mes parens existent, s'ils me réclament, ils pourroient trouver mauvais. — Trouver mauvais que vous eussiez épousé un lord, pair d'Irlande, membre de la chambre haute; avec trente mille liv. sterling de rente. Ah! soyez bien sûre quels qu'ils fussent qu'ils le trouveroient bon; mais ce qui est bien plus sûr, c'est que vous ne les reverrez jamais. — Mon père, je demande encore huit jours pour réfléchir. — Huit jours, à la bonne heure. Je reviendrai avec les papiers nécessaires et je vous donnerai ma bénédiction. Adieu mon enfant, à huit jours.

Que de combats j'eus à soutenir pendant ce tems-là, je me sentois une répugnance extrême pour Walmore, et l'on avoit beau me vanter sa richesse, ses grandeurs, je n'envisageois cet engagement qu'avec le plus grand chagrin. D'ailleurs, je ne voyois, (dans ce mariage avec un étranger d'une religion différente de la mienne,) rien qui pût m'assurer qu'il ne m'abandonneroit pas ; je pouvois avoir des enfans qui seroient aussi infortunés que moi. D'un autre côté, j'étois sous sa puissance et je ne pouvois espérer de lui échapper.... Ce mariage pouvoit être déclaré, n'y auroit-il pas un acte qui le constateroit, et puis, les témoins pourroient attester; et je croyois que j'allois consentir, quand tout-à-coup la figure du lord se représentoit à mon imagination et me glaçoit d'effroi ; les huit jours étoient écoulés sans que j'eusse pu me résoudre à rien, ni consentir à revoir mon tyran quelqu'instances qu'il me fît. Le père Lebrun revint. — Eh ! bien, ma fille, êtes-vous résignée à suivre la volonté de Dieu qui vous parle par ma bouche ? — Hélas ! mon père je ne sais comment Dieu pourroit se mêler d'une chose pour laquelle il me donne une si forte répugnance. — Je vous l'ai dit, c'est pour que vous ayez plus de mérite, et que le mariage étant toujours pour vous un état d'obéissance où vos sens n'auront aucune part, vous restiez en quelque sorte vierge par la pensée, tandis que vous serez soumise aux volontés de votre époux. Voilà, ma fille, ce qui peut vous arriver de plus heureux, et puisque vous n'avez pas le courage et la raison nécessaire pour prendre un parti que la religion vous dicte, moi qui vous tiens lieu de père ; puisque vous n'êtes qu'une pauvre enfant abandonnée, je vous ordonne, par la puissance que je tiens de Jésus-Christ, de vous disposer à donner votre main au lord Walmore ; sans cela je vous abandonnerai, et vous deviendrez la proie du démon qui ôtera à milord la bonne pensée qu'il a dans ce moment, sans que cela vous soyez libre : au contraire il mutipliera ses embûches, pour vous punir de votre orgueil et de votre désobéissance, vous céderez à ce que le lord demandera de vous, et lorsque vous déplorerez votre chute, que vous le supplierez de vous épouser, il vous refusera comme vous le refusez aujourd'hui. Alors, que de chagrins vous éprouverez ! Votre santé se détruira, vous perdrez votre beauté, le lord ne vous aimera plus, vous mourrez de honte et de misère et vous serez damnée éternellement.

Le chevalier de *** vint et me dit à peu près les mêmes choses que le père Lebrun ; vaincue par leurs importunités et par les craintes de l'enfer, je consentis à ce qu'ils exigeoient de moi. Aussitôt on me remit les mêmes parures que j'avois le premier jour, et le chevalier vint me prendre pour me conduire à la chapelle, où milord m'attendoit avec trois témoins. J'étois plus morte que vive, Walmore vint au devant de moi et me dit les choses les plus flatteuses auxquels je ne répondis que par ces mots : — Que voulez-vous ? vous êtes puissant, je suis foible. — Ah ! c'est votre foiblesse qui fait votre force, c'est elle qui me fera une loi de n'en jamais abuser ; vous avez vu combien j'ai respecté vos volontés, mais laissez-moi espérer qu'en devenant votre époux, je ne serai pas haï. — J'ignore quels seront mes sentimens un jour, mais dans ce moment je n'éprouve qu'un trouble si grand, que je ne puis rassembler une idée, tout ce que je sais bien, c'est que je remplirai mes devoirs. Le père Lebrun fit signe à lord Walmore que la cérémonie alloit commencer. Je ne sais comment j'eus la force de prononcer ce *oui* fatal. — Je me disois, « ne regretteras-tu pas un jour ta liberté? » En éloignant de moi tous les objets qui m'entouroient, mon imagination au lieu du lord, a qui la crainte et le désespoir m'alloient unir, me présenta un être charmant, dont l'âme répondoit à la mienne, enfin tel que celui que l'amour m'a fait rencontrer. Que deviendrois-je, me disois-je, si je n'étois pas libre, et que j'aimasse un autre que l'époux auquel je vais jurer d'être fidèle ! et j'éprouvois un frémissement général, cependant je me soumis à mon sort.

On ne me fit signer aucun acte, j'en marquai ma surprise, on ne me répondit que par de mauvaises excuses dont j'eus l'air de me contenter ; le lord ne me fit point appeler lady, et ne me présentoit à ses amis que sous le nom d'Athanaïse. Nous partîmes peu de temps après pour l'Italie, j'obtins que le chevalier de *** n'y suivroit pas mon mari, sa présence m'étoit odieuse. Je ne revis plus le père Lebrun, dont la conduite me parut celle d'un scélérat, ce qui me fit renoncer entièrement à une religion qui avoit de tels ministres, et je pris celle de M. de Walmore. Il s'attachoit à moi de jour en jour davantage, et sans les préjugés de la noblesse, il eût déclaré son mariage.

Un an après, il revint en Angleterre, où il me lia avec mistriss Belton, à qui j'ai fait la confidence de notre union secrette, il lui demanda son amitié pour moi ; elle a bien voulu répondre à ses désirs, et rien n'a démenti son attachement : elle seule connoît ma naissance et mes malheurs. J'avois juré de les ensevelir dans le tombeau avec moi; mais il falloit que vous connussiez mon sort, pour savoir s'il étoit digne de s'unir au vôtre. Ne mettez aucune précipitation dans votre réponse, et soyez sûr quelle qu'elle soit, que vous n'en serez pas moins toujours le seul objet de ma vive tendresse ».

Athanaïse éprouva qu'il n'est de repos que dans la vérité ; elle espéra que l'amour triompheroit des préjugés, et qu'elle n'en seroit pas moins unie à celui qu'elle adoroit. Julie vint lui dire que Clermont apportoit un billet de Célicour, elle le fit entrer. Ce digne serviteur profita de cet instant pour lui témoigner la joie qu'il avoit de voir son maitre au comble de ses vœux. Athanaïse, l'assura qu'elle partageroit l'amitié que Célicour avoit pour lui ; qu'elle comptoit sur son zèle : puis elle lui dit d'attendre qu'elle eût lu le billet de Célicour, pour savoir s'il y avoit réponse. Quoiqu'elle espérât que Célicour l'aimeroit toujours, elle ouvrit sa lettre avec crainte; mais quelle fut sa joie en y voyant ces mots :

Billet de Célicour à Athanaïse.

Ce lundi 2 mai 1743.

« Quels parens eussent été dignes de ma chère Athanaïse, et quels seroient ceux qui ne s'honoreroient pas de l'avoir pour fille ! Vous êtes l'épouse que la nature a formée pour moi; vous n'appartiendrez qu'à moi, et ce cœur si noble et si pur ne sera partagé par aucun autre sentiment. Tant de candeur, tant de vérité, sont les premières des vertus : quelle âme peut égaler la tienne ! Oublions pour jamais ce temps d'orage, et qu'il soit à jamais enseveli dans le plus profond silence; viens dans mon cœur, ma compagne chérie, viens y trouver l'asile du bonheur et de la vertu. Tu étois faite pour l'un et l'autre; j'attends, avec un désir dévorant, que tu permettes à ton amant de venir à tes pieds demander l'instant où il sera le plus fortuné des époux,

CÉLICOUR. »

Quand Athanaïse eut achevé de lire ce billet où l'amour se peignoit en traits de flammes, elle jouit, pour la première fois de sa vie, de la certitude de rendre légitimes, les plus tendres sentimens; mais ne voulant rien devoir à ce premier mouvement d'enthousiasme, elle eut encore le courage de lui répondre.

Billet d'Athanaïse au comte de Célicour.

Ce lundi 2 mai 1743.

« Recevez, mon ami, le serment que je fais de ne vivre que pour vous, croyez que mon cœur désire autant que vous ce moment heureux ; mais je vous demande, j'exige même, que vous ne vous livriez pas aux premiers transports de votre sensibilité, je ne vous verrai, mon cher Célicour, que demain : employez ce temps à sonder votre cœur, et s'il est le même qu'aujoud'hui, venez, que les nœuds les plus solennels m'attachent à vous,

ATHANAÏSE. »

Rien ne pourroit peindre le bonheur de l'amante de Célicour. Mais l'arrivée de d'Ac vint troubler ses douces méditations. — Je me suis occupé de vous, milady, toute la nuit, et vous apporte des papiers que j'ai vérifiés avec le plus grand soin. — Quels papiers? — Ceux nécessaires à votre mariage, ils sont à tromper les plus fins..... Lady jeta un coup d'œil, et vit une suite de contrats de mariage, de titres de toute espèce, sur de vieux parchemins enfumés, qui lui donnoient une origine aussi ancienne qu'illustre. Elle les déchira en pièces ; d'Ac voulut inutilement s'y opposer. — Que faites vous, milady ? — Je détruis une chose parfaitement inutile. — Comment comptez-vous donc épouser Célicour? — Comme Athanaise, je n'ai nul besoin de ce recueil de faussetés, Célicour connoît mon origine. — Il la connoit ! — Il sait que mon mariage avec milord Walmore n'est point sanctifié par les lois. Je ne lui ai point laissé ignorer les piéges qui m'ont été tendus. — Comment, vous lui avez dit, vous nous perdez tous. — Non, monsieur, je me perds seule; mais si Célicour ne m'aime pas assez pour ne pas écouter la voix des préjugés, comment pourroit-il me pardonner de l'avoir trompé? Quand il apprendroit ce terrible secret, il réclameroit peut-être les lois pour être libre, et si j'ai des enfans, que deviendront-ils? Non monsieur, non, je ne paroîtrai jamais aux pieds des autels, sous de pareils auspices...... D'Ac restoit immobile, la colère paroissoit dans ses regards, il ramassoit tristement les morceaux de son sublime travail. Athanaïse pensa qu'un peu d'or pourroit l'appaiser, et tirant de son secrétaire quelques rouleaux : — Je sais bien, lui dit-elle, qu'il faut payer chèrement ces faux titres ; cette somme est plus que ne méritent ceux qui vendent lâchement les instrumens du malheur et de la honte des familles. Il ne se fit pas prier, et accepta sans aucune difficulté ce qu'on lui offroit ; la vue de l'or le radoucit. — Ne craignez-vous pas, madame, que cet aveu ne fasse changer Célicour de résolution ? — Je ne le crains pas ; car voici sa réponse. D'Ac lui donna les plus grandes louanges sur sa franchise ; car les scélérats admirent volontiers les actions de vertu qui ne contrarient pas entièrement leurs projets. Comme madame de Walmore ne vouloit pas le laisser dans l'erreur sur ses dispositions à son égard, elle ajouta : — Vous devez sentir, monsieur, que changeant de nom et d'état, je ne dois plus vous recevoir, et si vous vous obstiniez à vouloir habiter les mêmes lieux que moi, je serois forcée d'instruire M. Célicour que c'est vous qui avez conduit cette intrigue ; alors vous connoissant parfaitement, il partagera les sentimens que j'ai pour vous. J'exige donc que vous vous éloigniez jusqu'après mon mariage. — Croyez-vous, madame, en avoir le droit ? — Oui monsieur, parce que je vous le répète, j'instruirai Célicour. Préparez-vous pour votre départ, et surtout qu'il se fasse sans bruit. — Mais.... — Je vous le dis, ne me forcez pas à faire un éclat.... car, si vous ne vous éloignez pas, je serois forcée de prendre des mesures. — Craignez que je ne vous fasse plus de mal que vous n'imaginé. — Je crains moins vos menaces que vos services. — Vous le voulez donc, madame ? eh bien ! dit-il en s'en allant, songez que d'Ac est ennemi aussi implacable, qu'ami zélé. Lady méprisa sa colère; il sembloit qu'un nouveau jour l'éclairoit, ayant l'espoir d'être délivrée de la société de cet être méprisable.

D'Ac, animé du désir de la vengeance, vint trouver madame de Clercé, lui dévoila le mystère de la naissance d'Athanaïse, et ajouta qu'elle n'avoit pas été mariée, et qu'elle n'avoit jamais été que la maîtresse de M. de Walmore : il assura qu'il ne venoit que de l'apprendre du marquis de Clergeac, qui avoit beaucoup connu Walmore, à qui il avoit écrit peu de temps avant de mourir, une lettre que Clergeac lui avoit confiée, et que le chevalier donna à madame de Clercé. — Je suis désolé, ajouta-t-il, d'avoir engagé Célicour dans cette mauvaise affaire. Madame de Clercé éprouva cette joie cruelle du méchant. — Confiez-moi, chevalier, lui dit-elle, cette lettre, je trouverai le moyen de rompre ce mariage. D'Ac qui ne demandoit pas mieux, remit le fatal écrit (qu'il faut que le lecteur sache n'être autre chose que la lettre, qu'il peut se rappeler avoir causé tant d'inquiétude à Athanaïse). Ce Clergeac étoit comme d'Ac, un chevalier d'industrie, avec qui il s'étoit entendu pour affirmer ce qu'il pourroit dire. La lettre étoit sans date d'année, et n'avoit pas été adressée à cet intrigant, que Walmore n'avoit jamais connu ; mais le lord l'avoit écrite à d'Ac, peu après avoir quitté la France. Le chevalier qui avoit voulu ne paroître avoir appris l'origine d'Athanaïse et ses prétendus écarts, que dans ce moment, feignit de ne les savoir que par Clergeac. Ainsi, il espéroit perdre Athanaïse, et conserver toute la considération qu'il avoit dans la société de madame de Grand-prez. En quelles mains plus cruelles pouvoit-il mettre le soin de sa vengeance? Il fut convenu que madame de Clercé ne perdroit pas un moment pour aller trouver sa tante, qu'elle savoit avoir des liaisons avec le baron d'Orvigny tuteur de Célicour. D'Ac trouva ce plan le meilleur, d'autant plus qu'il savoit que le baron étoit à Paris, que même madame de Clercé l'avoit rencontré chez madame de Grandprez. — Je ne paroitrai en rien dans cette affaire, dit le chevalier, pour me ménager dans l'esprit de Célicour et par ce moyen savoir plus positivement ce qu'on pourroit faire pour l'empêcher de se déshonorer par ce mariage. Quand d'Ac eut dressé ses batteries, il rentra tranquillement chez lui.

Madame de Clercé munie de la fatale lettre arrive chez sa tante qui sortoit de l'église, et sans lui donner le tems d'ôter ses coîffes, elle la pria de passer dans son cabinet où elle avoit des choses intéressantes à lui dire. — Que vous allez être surprise, madame, de ce que je vais vous dire, pour moi je n'en reviens pas, et si je n'avois pas les preuves les plus convainquantes, je ne regarderois que comme une calomnie atroce, ce que l'on vient de me raconter, de votre pupille. — Madame de Walmore ? — Oui, madame de Walmore, si vous le voulez.... Vous connoissez M. de Clergeac. — Eh bien. — Il étoit ami de milord Walmore. — Je ne lui en avois jamais entendu parler. — Cela est possible, mais ils étoient intimement liés, et on ne peut en douter d'après la manière dont il lui écrivoit. Enfin pour revenir à ce que je voulois vous dire, M. de Clergeac a su, comme tout le monde, que Célicour alloit épouser cette prétendue milady. — Mais, ma petite, est-ce que M. de Walmore m'auroit trompée? — Ma tante, écoutez jusqu'à la fin. Clergeac ayant appris ce beau mariage, et prenant intérêt à Célicour qui est un jeune homme vraiment aimable, a été choqué à l'excès de l'impudence de cette femme, et sachant que je connoissois le marquis, m'a fait remettre par une personne sûre, cette lettre que je vous apporte; la voilà. — Donnez donc.

Lettre de milord Walmore.

Du 4 septembre.

« Je vous ai promis, mon ami, de vous donner de mes nouvelles, et je l'aurois fait plutôt, si je n'avois voulu vous dire en même tems, de quelle manière ma petite Athanaïse se ploie à son nouvel état. Je l'aime plus que jamais, et dans le vrai c'est une charmante

mante enfant. L'air de dignité répandu sur elle, en impose; et si je faisois la folie de lui donner mon nom, il n'est personne qui ne la prît pour une femme de qualité. Croyez-vous qu'il me faut un effort de raison pour ne pas la présenter comme lady Walmore ! Mais quand je me souviens qu'elle n'est qu'un enfant trouvé, je rejette ce projet comme indigne du rang que je tiens dans le monde. Je l'en dédommagerai du moins en la comblant de richesses. Je la pare de tout ce que le luxe a pu inventer: je n'en suis pas moins forcé de convenir qu'elle a plus reçu de la nature que je ne puis lui donner. Je me plais à la former, et la facilité avec laquelle elle réussit à tout ce qu'elle entreprend, me répond qu'elle sera sous peu une femme accomplie. Quel dommage que sa naissance ne soit pas d'accord avec ses grâces et son esprit! Quelle est celle de nos ladys qui peut l'égaler? Ce n'est point l'amour qui m'aveugle, tous ceux qui la voient pensent de même. Il faut convenir que j'ai été trop heureux de rencontrer un être aussi intéressant, et je regrette d'avoir vingt ans de trop, car je sens que je ne jouirai pas assez long-temps du bonheur de l'aimer. Je relis ma lettre et j'avoue qu'elle ne convient guère à un homme de mon âge; mais que voulez-vous, mon ami? Athanaïse m'a fait retrouver, malgré mes soixante ans, le délire de la jeunesse. Adieu. Nous nous reverrons en France où sûrement je la ramènerai.

Tout à vous pour la vie.

WALMORE. »

La lettre échappa des mains de madame de Grandprez, elle n'en pouvoit croire ses yeux. — Comment est-il possible que le lord m'ait jouée à cet excès ! Me présenter cette petite créature comme sa femme, ah ! c'est indigne ! Me compromettre à ce point ! Et elle, quelle fausseté : comme elle jouoit la grande dame ! — C'est une horreur, ajouta madame, de Clercé, et je conçois, ma tante, que vous en soyez blessée mortellement, mais il faut en faire justice et ne pas souffrir que Célicour épouse cette petite aventurière. Vous connoissez le baron d'Orvigny qui est son tuteur, il faut lui écrire et lui donner communication de cette lettre : ne perdez pas un moment. Madame de Grandprez étoit si furieuse, qu'elle ne pouvoit écrire ; sa main trembloit de colère. Sa nièce lui offrit d'écrire sous sa dictée, et tandis qu'elle écrivoit la dévote répétoit sans cesse : —Ah ! je ne l'aurois jamais cru de lord

Walmore.... me choisir exprés pour me confier sa maîtresse.... me donner ce ridicule.... que lui ai-je fait pour m'outrager de cette manière, hélas! de l'avoir trop aimé.... Ah! que les hommes sont perfides. Enfin le billet est écrit et caéheté, on l'envoie au baron.

Pour avoir une idée de la méchanceté de la Clercé, il faut connoître le caractère de M. d'Orvigny.

C'étoit un homme d'environ soixante ans, qui n'avoit pas perdu avec l'âge, les grâces de la jeunesse, car il n'en avoit jamais eu ; entré dans la marine presqu'enfant, son éducation pour tout ce qui n'est qu'agréable, avoit été absolument nulle. Mais il avoit toutes les connoissances nécessaires à son état, et il devenu à être capitaine de vaisseau. Son humeur bizarre faisoit tellement redouter à ses camarades de servir sous ses ordres, qu'on lui suscita des désagrémens qui le contraignirent à demander sa retraite : il l'obtint facilement, et revint alors dans sa province. Son parent, le comte de Célicour, l'engagea à vivre chez lui. M. de Célicour avoit sur lui l'empire que donne un génie supérieur, ainsi il le forçoit sans qu'il s'en doutât à ployer auprès de lui, son caractère indomptable avec tout autre. Le comte l'estimoit, et à sa mort, le nomma tuteur de son fils. Il avoit en effet les vertus qui constituent l'honnête homme, mais il étoit hérissé de préjugés, brouillon, tracassier, se mêlant de tout pour avoir le plaisir de tout contrecarrer. Il s'étoit déclaré le chevalier de madame de Clerville, voisine et amie du comte de Célicour, et ce fut lui qui le premier avoit eu l'idée d'unir les deux familles. Madame de Clerville, douce, simple, l'écoutoit comme un oracle, et ne faisoit rien sans le consulter; il dirigeoit l'éducation de sa fille unique qu'elle aimoit à l'idolâtrie, et il prétendoit lui donner des leçons sur l'art de se conduire dans le grand monde, qu'il ne connoissoit pas, ayant passé à bord la plus grande partie de sa vie. Il grondoit les gens de madame de Clérville, la forçoit de renvoyer ceux qui lui déplaisoient, enfin il se dédommageoit chez elle de la parfaite nullité où le le tenoit le jaloux despotisme du comte de Célicour, qui n'auroit pas souffert dans sa maison, un autre maître que lui. On juge par ce caractère quel effet dut produire le billet dont la Clercé attendoit la réponse avec tant d'empressement.

Elle comptoit les momens, et jouissoit d'avance de l'humiliation de sa rivale, car elle conservoit dans son cœur la plus violente passion pour Célicour.

Ce n'étoit pas l'amour : les êtres vicieux n'en sont pas capables, mais l'impression que lui avoit fait éprouver Célicour, (et qui n'auroit été que passagère s'il avoit répondu à ses vœux,) avoit changé cette fantaisie en rage, et il n'est rien dont elle n'eût été capable pour parvenir à s'en faire aimer; elle attendit donc M. d'Orvigny chez sa tante.

Celui-ci arriva, encore tout échauffé d'une conversation qu'il venoit d'avoir avec Célicour. — Venez, venez, M. le baron, dit la dévote, apprendre quelle est cette dame de Walmore que votre pupile veut épouser... Lisez cette lettre... Je n'ai pas besoin de vous en dire davantage. Le baron après avoir lu, dit qu'il étoit enchanté.... qu'on ne pouvoit lui rien apprendre qui lui fit autant de plaisir, puisqu'il avoit alors tous les moyens de rompre, et quand même cette femme eût été vraiment lady, ce mariage étoit absolument contraire à ses vues pour Célicour, qui étoit accordé depuis plus d'un an avec la fille de madame de Clerville. — La marquise de Clerville, reprit la dévote, qui a des terres en Normandie? — Elle-même, ses terres sont voisines de celles de Célicour. — Ah! j'ai bien connu cette dame; nous avons été élevées ensemble à l'abbaye de Panthemont: c'est une femme respectable, et sa fille? — Jolie comme un ange, reprit le baron: et il la laissoit là, pour sa prétendue lady! Ah! que j'en suis aise, et comme je vais bien me moquer de lui. Voulez-vous bien me confier cette lettre? — Je n'y vois pas d'inconvéniens. — Vous êtes bien sûres, mesdames, qu'elle est du lord Walmore. — Ah! vous pouvez en être certain, je reconnois bien son écriture, dit en soupirant, la vertueuse madame de Grandprez; mais je crois qu'il ne faut pas brusquer cette affaire; Célicour est, dit-on, d'un caractère violent. — Ah! je ne crains pas un enfant que j'ai vu naître. — Je ne dis pas cela, mon cher baron, comme vous l'entendez; mais c'est qu'avec de semblables caractères, il faut prendre des ménagemens pour ne pas les porter à des extrêmités dangereuses. — Ah! cela peut être vrai.... Mais donnez-moi toujours la lettre. Je la montrerai à madame de Clerville qui est à Paris, et nous aviserons aux moyens d'en tirer parti. — Ne nous nommez pas, dit madame de Clercé, il est désagréable de se trouver compromise. — Ah! ne craignez rien, je sais trop ce que je vous dois. Et il partit emportant, à ce qu'il croyoit, des armes les plus sûres pour détourner le marquis de s'unir avec cette femme.

Athanaïse qui ne vouloit voir Célicour que le lendemain, fit mettre les chevaux dès qu'elle eut reçu son billet, et partit pour Surville, d'où elle ne comptoit revenir que le lendemain matin. Elle mena avec elle la présidente et son fils. Madame Dupuis fut très-étonnée de la voir : elle lui fit part de son prochain mariage avec Célicour ; il fut convenu que la noce se feroit à Surville, où ils viendroient en sortant de l'église : elle passa la journée la plus délicieuse dans le sein de l'amitié, tandis que des gens profondément méchans tramoient sa ruine. Elle donna des ordres pour les changemens nécessaires à son logement, afin que celui qu'elle destinoit à Célicour, fût aussi agréable que commode ; il ne fut question que du bonheur qu'elle se promettoit dans une union si douce : on se sépara fort tard, et les songes les plus délicieux s'emparèrent d'elle au premier moment du sommeil. En revoyant l'aurore, elle sentit un fond de tristesse dont elle ne pouvoit deviner la cause; mais bientôt la fraîcheur bienfaisante du matin, le doux parfum de l'humble violette, le chant du rossignol dissipèrent ce nuage. Elle écrivit à mistriss Belton pour lui dire que par le premier courier elle lui apprendroit, selon toutes les apparences, le jour de son mariage, et elle lui envoya la romance dont Célicour avoit entendu les derniers mots. Son amie la lui avoit demandée. Je la place ici, pensant que le lecteur la lira avec plaisir. Si une voix touchante vouloit la chanter en pinçant avec des doigts d'ivoire, les cordes harmonieuses de la harpe, pour accompagner ce chant plaintif, que les douces émotions qu'elle éprouvera, et qu'elle fera sentir, rappellent aux cœurs sensibles ma tendre

Athanaïse; et qu'ils donnent des larmes au malheur qui l'attendoit au retour de Surville.

ROMANCE.

L'infortune a marqué l'instant de ma naissance,
J'ignore mes parens, je n'ai pas eu leur soins,
Et j'allois succomber aux plus pressans besoins,
Quand la pitié prit soin de ma frêle existence.
   Dieu des amours,
   Tu lui prêtois ton secours;
   Dieu des amours;
   Tu lui prêtois ton secours.

J'avois de mon printemps à peine atteint l'aurore.
Qu'un ravisseur cruel m'enchaîna sous ses lois,
Et si de la vertu je respectai les droits,
Je bravai les soupçons, je n'aimois pas encore.
   Dieu des amours,
   Que n'avois-je ton secours,
   Dieu des amours,
   Que n'avois-je ton secours.

Toi qui de mon destin es l'arbitre suprême,
Qui m'offres en ce jour et ta main et ton cœur,

Je ne veux pas qu'ils soient le prix de ton erreur,
Et j'aime mieux mourir que tromper ce que j'aime.
Dieu des amours,
Je ne veux que ton secours;
Dieu des amours,
Je ne veux que ton secours.

Athanaïse se rendit chez madame Dupuis qui l'attendoit à déjeûné, et après avoir reçu mille caresses de ses amis, et les vœux les plus sincères pour son bonheur, elle monta en voiture pour se rendre à Paris. Son suisse en arrivant lui remit sa liste où elle trouva le nom du comte d'Ormont, et celui de Célicour plusieurs fois. Il lui dit aussi que madame de Clerville l'attendoit dans son appartement depuis environ une heure. — Je ne la connois pas.... mais pensant que ce pouvoit être une parente de Célicour, elle monta avec empressement.

Elle entre dans son salon, et voit une

femme d'une figure encore agréable, et qui paroissoit embarrassée à son abord. Après les premiers complimens d'usage, Athanaïse fit signe à ses femmes de se retirer, puis elle demanda à madame de Clerville, ce qui lui procuroit l'honneur de sa visite. — Embarrassée, étonnée moi-même de la démarche que je fais, comment vous dire que je viens vous demander le bonheur de ma vie? — En quoi, madame, puis-je vous être utile? Disposez de moi. — Avant de vous avoir vue, madame, malgré tout ce que la renommée publioit de vos charmes, je croyois pouvoir obtenir.... mais je crains bien qu'il ne soit pas même en votre pouvoir de me rendre le fils que vous m'avez enlevé. — De qui voulez-vous parler? — De Célicour. — De Célicour? reprend Athanaïse avec effroi, pressentant le malheur qui la menaçoit. — Lui-même, son père avant de mourir, m'avoit prié de l'adopter, il avoit scellé son union avec mon Aglaé, par un contrat, où nous n'avions suivi que le vœu de leurs cœurs. Il vous a vue, madame, il a tout oublié, et ma fille, l'unique objet de ma tendresse, a perdu pour jamais le repos de ses jours..... Il n'est point d'expressions qui puissent rendre ce que ces mots firent éprouver à l'infortunée Athanaïse. Un nuage épais obscurcit ses yeux, elle n'avoit plus de voix pour répondre. La marquise la considéroit attentivement et attendoit l'arrêt de sa fille dans ce qu'elle alloit dire. Comme elle crut remarquer quelque doute, elle tira de son portefeuille une lettre de Célicour pour Aglaé. Ces caractères chéris qui la veille avoient assuré son bonheur, elle ne les voit qu'avec désespoir, et elle lit sa mort dans cette lettre fatale.

Célicour y parloit à Aglaé de leur amour mutuel, de l'empressement qu'il avoit de venir aux pieds de sa mère, obtenir d'elle de fixer le jour de son bonheur, il se plaignoit de l'ennui, du martyre qu'il éprouvoit à Paris, enfin si ce n'étoit pas la lettre d'un homme passionnément épris, c'étoit au moins celle d'un amant qui sent tout le prix de sa conquête et qui soupire après le moment où il n'aura plus à craindre qu'elle lui soit enlevée. Athanaïse rendit la lettre à madame de Clerville sans lui répondre. — Le baron d'Orvigny, ajouta la marquise, a fait son possible pour qu'il tînt sa parole. — Le baron d'Orvigny ? reprit Athanaïse d'une voix étouffée, son tuteur, le parent de son père ? — Oui, madame. — Ah ! je n'en puis douter, mon malheur est certain..... mais dans quel moment venez-vous me l'apprendre ? —Je sais, madame que c'est celui où Célicour va vous faire le serment de ne vivre que pour vous, il ne l'a pas caché au baron dont il ne veut pas entendre les conseils, sourd à la voix de l'amitié, ce n'est qu'à l'amour qu'il peut obéir ; vous seule pouvez gouverner ce cœur où vous régnez, employez contre vous-même les armes que la nature vous a données. Je sens combien cet effort sera grand, aussi n'est-ce que par la connoissance que j'ai prise de l'élévation de votre âme, que j'ose vous venir demander ce cruel sacrifice. Athanaïse écoutoit sans penser à l'interrompre. Enfin elle se leva. — Je me montrerai digne, lui dit-elle, madame, de votre confiance, Célicour vous sera rendu. La marquise voulut lui marquer sa reconnoissance ; mais l'âme d'Athanaïse étoit trop douloureusement déchirée pour prolonger ce cruel moment. —

J'ai besoin, dit-elle, d'un peu de liberté, pour assurer le bonheur de mademoiselle de Clerville. Je vous recommande celui de Célicour, et surtout de ne lui point parler de cette entrevue. Je me charge de tout, madame. Son extrême pâleur fit craindre à la marquise que le coup qu'elle venoit de lui porter, ne fût au-dessus de ses forces, elle lui en témoigna le plus vif intérêt; mais voyant que sa présence augmentoit l'état violent où elle paroissoit être, elle se retira; mais non sans répandre des larmes.

Madame de Clerville étoit à peine sortie, que Célicour entra, et trouva Athanaïse évanouie; il la fit mettre sur son lit, et se tenant à genoux, soutenant d'une main sa tête, et tenoit l'autre sur son cœur, pour en attendre le premier battement. — Elle respire! s'écria-t-il. — Oui, répondit-elle, mais c'est pour peu de temps. — Que dites-vous ? ah ciel ! — Vous avez voulu ma mort, vous serez satisfait. — J'ai voulu votre mort, grand Dieu ! Moi, qui ne vis que pour vous adorer. Elle fit signe à Julie de se retirer, et ranimant le peu de force qui lui restoit, elle raconta à Célicour ce que la marquise lui avoit dit. — Je ne vous verrai plus, ajouta-t-elle..... J'avois espéré être loin de vous, avant l'instant où vous deviez venir.....je voulois éviter toute explication, et ne vous apprendre ma résolution que par une lettre. Célicour voulut vingt fois l'interrompre, et lorsqu'elle eut cessé de parler. — C'est vous, cruelle, qui voulez ma perte, en vous séparant de moi; je ne peux vivre sans vous. Il lui parla de son amour avec des termes si tendres, si emportés, qu'elle parut avoir oublié le parti qu'elle avoit pris, ou plutôt, ne voulant pas sans doute, lui laisser pénétrer ses desseins, elle l'engagea seulement à voir madame de Clerville, disant qu'elle ne doutoit pas qu'elle ne fût touchée de leur amour : enfin, qu'il lui devoit des égards, ainsi qu'à sa fille. Célicour ne vouloit pas y consentir, Athanaïse parla avec force, il promit d'obéir. — Vous ne pouvez rien craindre, ajouta-t-elle, et quand j'aurois la volonté de fuir, je n'en ai pas la force. Cette raison le persuada plus que ce qu'elle lui avoit dit, et il la quitta pour suivre ses volontés. Mais n'en tenant que plus à son projet, il ne concevoit cependant pas par quelle raison madame de Clerville s'étoit permise une démarche aussi extraordinaire, et il entroit infiniment de curiosité dans le motif de la visite qu'il alloit faire pour obéir à son amie.

Celle-ci plus certaine que jamais d'être aimée, ne voyant plus dans le mariage projeté avec Aglaé qu'un de ces engagemens de convenance, où le cœur n'a point de part, ne se souvenoit presque plus de la lettre écrite à sa rivale, et regardoit les expressions qu'elle contenoit, comme le jargon d'usage d'un homme, vis à-vis de celle que ses parens lui accordent. L'amour est extrême dans tout ce qui l'afflige et le console. Une heure avant, cette lettre de Célicour, qui avoit porté la mort dans le cœur de son amante, n'avoit plus rien qui dût l'effrayer, et en considérant qu'elle aimoit, qu'elle étoit aimée, que personne ne savoit son secret que d'Ac, à qui elle pouvoit toujours en imposer, et qui d'après la manière dont madame de Clerville étoit venue chez elle, n'étoit certainement pas instruite par lui, il ne lui paroissoit plus nécessaire, si cette dame rendoit à Célicour sa parole, comme elle n'en doutoit pas, de rompre des nœuds qui faisoient le charme de sa vie. Elle attendoit donc avec une douce impatience son retour, pour fixer à jamais son sort.

Cependant madame de Grandprez, qui n'avoit pas les mêmes raisons que sa nièce de ne paroître en rien dans cette abominable intrigue, et qui croyoit au contraire qu'il lui importoit infiniment de faire savoir à Athanaïse qu'elle la connoissoit parfaitement, et qui vouloit lui marquer tout son ressentiment d'avoir été jouée par son amant et par elle, lui écrivit aussitôt que sa nièce et le baron furent sortis.

Lettre de madame de Grandprez à Athanaïse.

Paris, le 28 mai.

« Rien ne demeure enseveli, et la providence qui ne permet jamais que l'on abuse des dehors de la vertu pour cacher la difformité du vice, découvre enfin la vérité; c'est ce qui vous arrive aujourd'hui, mademoiselle. On sait tout; votre naissance plus qu'obscure, mais qui ne doit pas vous être imputée à crime, puisque ce n'est pas votre faute; on connoît de plus votre inconduite, et l'on sait ce que l'on doit penser de vos richesses, qui ne sont que le prix de votre déshonneur. Il vous convenoit bien avec de pareilles taches, de souiller la pureté de ma maison, de venir insolemment vous parer d'un nom, d'un titre qui ne vous ont jamais appartenus, de me rendre la fable de la ville, qui va savoir qui vous êtes, et qui a vu les égards que j'ai eu l'imbécillité de vous témoigner. Ah! est-il possible que lord Walmore, qui devoit avoir pour moi un si profond respect, m'ait compromise à ce point. Il ne vous reste plus qu'un moyen de réparer des torts aussi graves, c'est d'aller vous ensevelir dans une retraite où l'on vous oublie ; car je ne pense pas qu'il vous reste long-temps l'espérance de tromper le malheureux Célicour. Je ne vous cache pas que je l'ai fait instruire de tout, et je ne le crois pas assez dépourvu d'honneur, pour vouloir braver toute délicatesse, en épousant une fille entretenue. S'il osoit braver toutes les bienséances pour s'unir à vous, apprenez que vous le déshonoreriez, et qu'il seroit forcé de se défaire de son régiment ; que s'il se retire dans ses terres, il n'y aura pas un seul de ses voisins qui veuille le voir ; que le mépris et l'opprobre vous suivront partout, et tous les maux qu'enfante une union aussi disproportionnée ; que votre mari sentira trop tard la faute qu'il aura faite, et que vous le verrez mourir de douleur de s'être s'être perdu pour vous, ou qu'il vous chassera ignominieusement de chez lui. Voilà ce que je vous prédis, et ce qui vous arrivera. Faites vos réflexions, et prenez, je vous le répète, le seul parti qui vous reste, pour vous réconcilier avec Dieu et les hommes ; alors votre repentir vous rendra l'estime des honnêtes gens, et la mienne,

DE GRANDPREZ.

Cette infernale lettre arriva au moment où Athanaïse se livroit, comme je l'ai dit, aux plus douces illusions ; elle la jeta dans le plus profond désespoir, et quoiqu'elle vît bien que la haine la plus envenimée l'avoit dictée, elle ne put se dissimuler que l'opinion de madame de Grandprez, seroit celle de tous ceux qui ne la connoîtroient qu'imparfaitement, pisqu'elle n'avoit aucune preuve de son mariage. Elle ne doutoit plus que d'Ac étoit l'auteur de cet éclat, et qu'il s'étoit servi de la lettre (qu'il lui avoit montrée à Clercé), dont le sens étoit si aisé à tourner contre elle. Enfin elle se vit déshonorée, perdue dans la société, et faisant rejaillir sur l'objet de toutes ses affections, le mépris qu'elle étoit loin de mériter, mais auquel les apparences l'exposoient, pour des êtres frivoles qui aiment mieux condamner légèrement, que de se donner la peine d'examiner. Alors elle reprit avec plus de force son premier projet.

Célicour en la quittant avoit été chez madame de Clerville ; il se fit annoncer, et la première personne qu'il vit fut d'Orvigny.—Eh bien ! vous voilà donc monsieur..... c'est fort heureux. — Je vous prie, monsieur le baron, de prendre un ton différent, ou je me retirerai je viens chez madame, parceque milady Walmore l'a exigé. — Lady, reprit le baron, en haussant les épaules. — Lady, oui lady, interrompit madame de Clerville, baron, vous m'aviez promis de la modération. — De la modération ? et comment voulez-vous qu'on en ait, quand on voit des choses comme cela; mais tenez, arrangez-vous comme vous voudrez, je vous laisse le champ libre; car aucun de vous n'a le sens commun. — Grand merci, baron, à tantôt. Le baron sortit. — Je suis bien aise, dit alors madame de Clerville, que M. d'Orvigny nous ait laissés, son humeur atrabilaire ne vaut rien ici; vous savez, mon cher fils, combien je vous aime, et que dans votre enfance j'ai partagé avec votre respectable père les soins qu'il vous a donnés. J'aimais tendrement votre mère, dont la mort à la fleur de son âge a rempli les jours de son époux d'une tristesse profonde, qui l'a conduit insensiblement au tombeau. Si je vous aimois comme mon fils, il chérissoit ma fille comme la sienne, et vous savez que tous ses vœux étoient que vous fussiez unis. Il avoit paru que loin que ses désirs contrariassent les vôtres, vous rendiez avec empressement des soins à mon Aglaé. Hélas! la mort de votre père retarda ces nœuds qui devoient faire le bonheur de ma vie. Le procès que vous avez perdu, vous avoit forcé de venir à Paris; à peine y avez-vous été, que le style de vos lettres m'a paru plus contraint; cependant je ne pouvois croire que vous manqueriez à un engagement aussi solennel, et j'entretenois toujours mon Aglaé de la plus douce espérance. Quelle a été ma surprise, quand M. d'Orvigny m'a dit que vous changiez d'avis. Je l'ai laissé ignorer à ma fille, je suis venu avec lui pour m'assurer par moi-même s'il étoit bien vrai que vous renonciez au bonheur dont nous nous étions fait une si douce idée... Elle s'arrêta, et Célicour qui l'avoit écoutée dans le plus profond silence, et non sans éprouver quelqu'attendrissement au souvenir d'un père qui l'avoit si tendrement aimé, lui jura qu'il n'avoit pas oublié ses bontés, qu'elles lui seroient à jamais présentes, mais qu'on n'étoit pas maître de son cœur, qu'elle avoit vu celle qu'il adoroit.—Oui mon ami, je l'ai vue, et je nierois en vain que c'est la plus belle femme que j'aie rencontrée.—C'est peu de chose, reprit-il, que la beauté, cet avantage fragile passe comme la fleur du printemps; mais ses vertus, son esprit, ses talens, dureront autant qu'elle. — Je sais tout cela, mon ami, et je désespérois de vous voir échapper à tant de charmes réunis, et certaine que vous eussiez été heureux par elle, j'aurois entièrement renoncé à tout espoir pour ma fille, quand un hasard m'a fait apprendre ce que, selon toutes les apparences, vous ne savez pas ; c'est qu'elle n'est pas ce qu'elle paroît être. Lisez, mon ami, la lettre de celui de qui elle porte le nom. Célicour la lut sans marquer de surprise. — Je suis bien mieux informé que vous. — Vous saviez qu'elle n'est point madame de Walmore, et vous pensiez à l'épouser ? — Oui, madame, lisez à votre tour, les mémoires que cette femme incomparable m'avoit remis avant de vouloir s'engager avec moi par aucune promesse ; mais avant de commencer ce récit, dont l'extrême simplicité annonce la vérité, dites-moi quel est l'homme abominable qui a divulgué ce secret ? — Je ne le connois pas, cette lettre a été remise au baron par des femmes. — Ah ! c'est la Clercé et sa tante, qui la tiennent sûrement de d'Ac. Le monstre, il payera son indiscrétion de son sang...... car j'ai relu cette nuit ces mémoires, et je commence à soupçonner que c'est lui que ma chère Athanaïse désigne sous le nom du chevalier de ***. Mais lisez, madame, lisez, et voyez si vous pourrez encore désapprouver mon choix. Cependant soyez certaine que je suis très-reconnoissant des marques d'intérêt que vous m'avez données, et je vous conserverai toujours le plus sincère attachement. — Je le mériterai toujours, mon ami, par mon extrême discrétion, et votre amie n'a pas dû avoir à se plaindre de la manière dont je me suis expliqué avec elle ; je suis certaine qu'elle n'a pu se douter que j'étois instruite de son origine. — Elle ne s'est plaint que de moi, et je n'ai pas soupçonné que vous connussiez son sort ; cette conduite, madame, est digne de votre délicatesse, et je suis sûr que vous en trouverez la récompense en lisant ce que je vous confie, vous verrez combien il est sage de ne point se conduire d'après l'apparence. Madame de Clerville prit le cahier des mains de Célicour, et lut de suite les mémoires que nous avons rapportés plus haut.

Madame de Clerville fut infiniment touchée des malheurs d'Athanaïse, et rendant hommage à sa vertu, elle convint que Célicour pouvoit être parfaitement heureux avec elle. — Je regrette sincèrement, dit-elle, de ne pas vous avoir pour fils, mais je conçois qu'étant aimé d'une femme aussi intéressante que milady (car ayant été mariée, elle est réellement madame de Walmore), vous répondiez à son amour; quant à sa naissance, je sais bien que l'on pourra trouver étrange que vous épousiez une femme dont on ignore l'origine, mais ce n'est qu'un préjugé, et l'amour n'en connoît pas. Célicour étoit au comble du bonheur, d'entendre approuver son choix par une femme qu'il estimoit infiniment, et lui en marquoit la plus vive reconnoissance, lorsqu'un des gens de madame de Clerville apporta une cassette, et un billet, Célicour reconnut l'écriture d'Athanaïse, et pria madame de Clerville de l'ouvrir, elle y lut ces mots :

Ce mardi 3.

« J'ai rempli ma promesse, madame, au moment où vous recevrez ce billet, Athanaïse est déjà loin de vous..... J'ai prévenu l'effet du premier mouvement de Célicour, en obtenant un ordre qui l'enchaîne auprès de vous; le temps le ramènera à ses premiers liens. Puisse-t-il être heureux. Souffrez que je mette aux pieds de mademoiselle de Clerville, une fortune que dans des temps plus heureux, j'espérois partager avec Célicour, que je n'oublierai, et ne verrai jamais.

ATHANAÏSE.

Célicour n'avoit point entendu les derniers mots du billet: à celui d'ordre qui l'enchaînoit, il étoit sorti comme un furieux; il trouva dans l'antichambre l'exempt, qui vouloit lui notifier la lettre de cachet, il mit l'épée à la main, et le poussant avec violence, il le renversa et sortit sans qu'aucun des gens de madame de Clerville s'y opposassent. L'exempt ouvrit la croisée et appela au secours. Ceux qui étoient dans la rue, voyant un homme l'épée à la main, dans le plus grand désordre, cherchèrent à lui barrer le chemin; mais rien ne l'arrêtoit, il renversoit tout ce qui se trouvoit sur son passage..... On crie à la garde, une escouade du guet arrive, on lui présente la baïonnette, on veut le désarmer ; il crie qu'on le laisse libre, et qu'il ne veut de mal à personne, mais qu'il se défendra si on s'oppose à son passage. Le commandant de la garde ordonne qu'on l'arrête : alors il ne se connoît plus, se fait un rempart avec son épée, et met hors de combat tous ceux qui veulent le saisir; mais bientôt arrivent des renforts, on le serre de près, son épée se casse dans le corps d'un de ses adversaires, il arrache une baïonnette, chaque coup qu'il porte est terrible ; enfin blessé lui-même, et accablé par le nombre, il est arrêté et conduit chez le commissaire, où l'exempt l'avoit précédé; il est interrogé, il refuse de répondre, et n'entend rien, ne voit rien, il appelle Athanaïse à grands cris, et fait des efforts inutiles pour s'échapper des mains qui le tiennent : M. d'Orvigny se rend aussi chez le magistrat. Célicour sent redoubler sa rage, en le voyant; cependant il venoit pour le sauver. Cette affaire pouvoit avoir les suites les plus funestes. Le commandant du guet demandoit justice, quatre hommes de sa troupe étoient grièvement blessés. Le commissaire apprit du baron le nom et le grade de Célicour, et le sujet de sa colère. Ce magistrat ne fit commencer aucune poursuite, il en référa au ministre de Paris, il se contenta de faire garder Célicour. D'Orvigny se chargea de la la lettre du commissaire pour le ministre. Il trouva qu'il étoit prévenu par le commandant du guet, tout ce que le baron put obtenir, fut que Célicour seroit conduit à la Bastille, qu'il donneroit tous les dédommagemens convenables aux soldats qu'il avoit blessés, que s'il n'en mouroient pas, on assoupiroit cette affaire; mais qu'il ne prenoit rien sur lui s'il en mouroit un seul des quatre. On commanda une garde de vingt hommes, pour conduire Célicour de la maison du commissaire à la Bastille; il tenta encore de s'échapper, mais ce fut inutilement, et il fut remis dans les mains du gouverneur.

Qui peut exprimer l'état de son âme, lorsqu'il se vit renfermer seul, privé de toute consolation, dans l'impossibilité d'exécuter le projet qu'il avoit conçu en apprenant le départ d'Athanaïse. C'étoit de suivre ses pas, de la rejoindre, de la contraindre par le spectacle de sa douleur, à changer une résolution qui le conduiroit au tombeau. Il falloit qu'il dévorât dans le silence de ces voûtes ténébreuses, tous les tourmens de son cœur. « En vain le jour se levera-t-il, rien n'apportera de changement à mon sort ; je ne saurai plus ce qu'est devenue Athanaïse, elle consommera son affreux sacrifice, tandis que je languirai dans l'impossibilité de m'y opposer, et ils m'ôtent jusqu'aux moyens de terminer ma vie. De quels droits attentent-ils à ma liberté, pourquoi s'opposoient-ils à mon passage ? Que leur avois-je fait ; que signifioit cet ordre dont ils m'ont parlé, qui l'a pu donner, qui a osé solliciter madame de Clercé : elle seule en étoit capable. Et la puissance se prête à de semblables abus. Grand Dieu ! l'homme ne connoîtra-t-il donc jamais sa dignité, se laissera-t-il donc toujours enchaîner par ceux qui n'ont d'autre force que celle qu'ils tiennent de nous-mêmes ; que seroient les rois sans ceux qui les entourent : comment auroient-ils espéré faire exécuter leurs ordres, s'ils n'avoient pas un nombre d'hommes assez vils pour en être les porteurs : courageux par le nombre, ils n'auroient jamais osé se mesurer seul à seul contre moi; encore ont-ils porté la peine due à leur bassesse : puisse cet exemple effrayer ceux qui se prêtent à de semblables mesures. Oui, quand je devrois porter ma tête sur l'échafaud, je ne me repentirai point de cette juste défense. La liberté est le plus précieux des biens. Qu'avois-je fait pour la perdre? J'aimois la plus belle, la plus intéressante des femmes, voilà mon crime ; les monstres, ils m'enchaînent, m'environnent de satellites, ils m'ôtent les moyens de mourir. Il en est un qu'ils ne peuvent me ravir, c'est la faim; oui, je mourrai malgré vous, tyrans cruels, envain vous m'offrirez des alimens pour soutenir ma fatale existence, je les refuserai tous, et je mourrai; que ferois-je d'une vie passée loin de celle que j'aime. Non, non, la mort, quelque douloureuse qu'elle puisse être, vaut mieux que de vivre dans ces tombeaux. »

Cependant il entend ouvrir les verroux de sa prison, son cœur tressaille, il ne sait si c'est de colère ou d'amour, sont-ce ses bourreaux, seroit-ce Athanaïse, non ce n'est pas elle; mais c'est un ami, un consolateur, un être sensible, qui se dévoue à lui, qui vient partager ses fers, pendant le temps qu'ils doivent peser sur lui; car on peut bien entrer dans ces tristes demeures, mais non en sortir : celui qui vient partager le sort d'un prisonnier, ne peut plus le quitter. Qu'importe à cet être généreux, à quoi lui serviroit d'être libre, tant que Célicour ne le seroit pas, il s'est donné à lui, et rien ne pourra l'en séparer que la mort. Célicour se lève, regarde dans l'obscurité, le reconnoît à peine. — C'est moi ; mon cher maître, c'est moi, votre fidèle Clermont. — Ah ! mon ami sais-tu bien qu'ils ne te laisseront pas sortir. — Je le sais bien, et c'est pour cela que j'ai demandé à entrer. Je viens pour ne vous pas quitter : ce n'est pas que cependant j'espère bien que vous ne serez pas toujours ici. — Athanaïse. — Ah ! elle a fait là une belle équipée. — Quoi ! — Eh ! oui, c'est elle qui a obtenu la lettre de cachet. — Elle ! — Mon Dieu oui, elle même ; elle avoit arrangé tout cela avec le ministre, elle a fait ce beau coup. — Comment c'est elle ! ô vertu sublime ! mais cruelle Athanaïse.... Sais-tu ce qu'elle est devenue. — Non, mais on le saura bientôt. — Et comment ? — Parce que tout se sait, et puis M. le comte d'Ormont. — Eh! bien ? — Il est parti en poste sur la route de Strasbourg, que l'on sait qu'elle a prise. — Il la rejoindra : ah! ciel que ne lui devrai-je pas.... mais malheureux que je suis, quand je la trouverois, je ne puis sortir. — Que diable aussi, pourquoi vous être battu contre trois escouades du guet ? — Ah! savois-je qu'ils exécutoient les ordres d'Athanaïse. — Heureusement, on assure qu'ils n'en mourront pas, hier au soir le chirurgien en espéroit, je les ai vus, ils conviennent que vous êtes le plus brave des hommes, et qu'ils laisseroient bientôt le métier, s'ils en trouvoient souvent de pareils. — Athanaïse! c'est vous qui aviez sollicité cet ordre, ah! tu n'en avois pas besoin, un mot, un seul mot de toi, je l'aurois respecté plus que... Mais tu m'as perdu par excès d'héroïsme! qui sait, si rendu à la société un jour? — O monsieur, vous pouvez en être sûr, tout le monde dit que ce sera l'affaire de six mois au plus. — Six mois sans revoir Athanaïse, sans avoir de ses nouvelles! Clermont, mon cher Clermont, je n'y résisterai pas, j'en mourrai, cela est sûr. — Mais, monsieur, je vous dis que ce sera peut-être moins long, peut-être huit jours. — Ah! Clermont, tu ne sais pas comme je l'adore, et il retomboit dans les premiers excès de son désespoir, qui n'étoit suspendu que dans les momens qu'il écrivoit, tantôt à Athanaïse, tantôt au comte d'Ormont, et même à mistriss Belton; mais il étoit presqu'impossible de faire parvenir ces lettres.

Aussitôt le départ d'Athanaïse, Julie avoit écrit à mistriss Belton.

Lettre de Julie à mistriss Belton.

Paris, ce 3 mai 1743, à 11 heures du soir.

TRÈS-HONORÉE MISTRISS,

« Comment vous peindre le trouble qui m'agite, et tout ce qui se passe ici ? Milady a reçu ce matin, à son retour de Surville, la visite de madame la marquise de Clerville, je ne sais ce que cette dame lui a dit ; mais ma bonne maîtresse s'est évanouie ; monsieur le marquis est venu, ils ont eu une explication bien vive. Puis milady est devenue plus tranquille, puis madame de Grandprez a écrit, depuis cette fatale lettre, lady a paru très-agitée, elle s'est habillée à la hâte, m'a remis une lettre pour madame de Clerville, avec une cassette, et m'a ordonné de les faire porter avant quatre heures ; elle est montée en voiture. Son cocher est revenu à cinq heures du soir, et milady n'y étoit pas. Je m'informai en tremblant pourquoi il revenoit seul ? il m'a dit qu'en sortant de l'hôtel, milady avoit été chez le ministre de Paris, que de là, elle étoit allée chez M. Bronod son notaire, où elle étoit restée trois heures ; qu'ensuite elle avoit passé à l'abbaye de Saint-Antoine, qu'elle y avoit parlé seulement à une tourrière, que de là, il l'avoit conduite à la poste aux chevaux, où elle étoit montée seule en chaise, et avoit fait prendre la route de Strasbourg. Où va-t-elle ? Je n'en sais rien.

« Le valet de chambre, que j'avois chargé de la part de milady, de porter la cassette chez madame de Clerville, l'a rapportée, et m'a dit que M. le marquis de Célicour étoit arrêté par ordre du gouvernement, chez cette dame; qu'il s'étoit battu contre ceux qui en étoient chargés, et qu'il devoit être conduit à la Bastille.... Qu'est-ce que cela signifie ?.... Une heure après que le cocher étoit de retour, j'ai vu arriver M. Bronod accompagné d'un commissaire pour mettre les scellés.... Il a compté avec nous tous, nous a payé nos gages, a ordonné de vendre les chevaux, et dit au cocher de lui en apporter le prix, et nous a dit que nous restions tous au service de milady jusqu'à nouveaux ordres; qu'il avoit pour cela les fonds nécessaires. La cassette a été mise sous les scellés. Il m'a remis ensuite un contrat de douze mille livres.... Présent cher à mon cœur.... Je suis pénétrée des bontés de ma chère maîtresse; mais où est-elle? cela me fera mourir de chagrin.

» M. le chevalier d'Ac vient d'arriver, il ouvre de grands yeux, ne sait ce qu'il voit, et paroît au désespoir de n'avoir rien à faire ici; il a voulu prendre le ton haut avec les officiers de justice. — Par quel ordre venez-vous ici, M. l ecommissaire ? — Voici mon pouvoir, monsieur. — Ah ! je n'ai plus rien à dire.... Il est sorti le cœur gonflé de rage. M. Bronod et le commissaire viennent de monter en voiture, pour aller à Surville faire la même opération. Ils ont une lettre pour madame Dupuis.

» J'ai cru devoir vous informer de tous ces détails, par le vif intérêt que vous prenez à milady. Je suis, etc.

JULIE. »

Cependant Athanaïse, qui n'étoit pas instruite de tout ce qui se passoit, et qui croyoit Célicour parti pour Clerville, quitta la route de Strasbourg pour prendre celle du Périgord, et arriva au prieuré de Saint-Éloi dont madame de Saint-Antoine étoit supérieure. Je ne puis mieux peindre ce que souffrit, pendant ce pénible voyage, cette amante infortunée, qu'en transcrivant la lettre de celle qui avoit formé ses premières années. Elle arriva à Londres par le même courier qui apportoit celle de Julie.

Lettre de madame de Saint-Antoine à mistriss Belton.

De notre prieuré de Saint-Eloi, le 10 mai 1743.

« Je ne puis, très-honorée mistriss, vous laisser ignorer le sort d'une amie qui doit vous être chère. Qui n'aimeroit pas mon Athanaïse, ma fille, celle que

que je pris tant de soin à former ? Devois-je penser qu'elle pût être malheureuse ! Vous avez su qu'elle étoit au moment d'épouser Célicour ; . . .
. . . .
. . . .

Puis ayant appris que j'étois supérieure de cette maison depuis quelques années, elle est venue m'y retrouver. Mais, quel voyage ! Malgré les devoirs austères de notre état, je ne puis vous en laisser ignorer les circonstances. »

« Au premier instant, emporté par l'héroïsme de la vertu, on se détermine à sacrifier son bonheur, sa vie, (car est-ce vivre que de se condamner à un malheur éternel ?) L'âme par un effort qu'elle se fait, s'élève au-dessus d'elle-même, s'oublie en quelque sorte et ne sent plus que le contentement intérieur d'avoir fait ce qui est bien.....
Mais le ressort se relâche, et l'on sent

tout le prix de sa perte... Elle passa quelques heures tranquille, croyant n'avoir jamais de regrets de fuir celui qu'elle adoroit au fond de son cœur ; mais bientôt l'amour reprit tous ses droits: ce n'étoit plus ce sentiment qui nous enivre, et ne nous fait voir qu'une route semée de fleurs, *c'étoit l'amour et toutes ses douleurs.* Elle n'aperçut plus qu'un avenir long-encore. Car sa vie n'eut-elle duré qu'un jour, elle l'eût regardé comme un siècle. Nous ne mesurons le tems que par les sensations de notre âme : les chagrins cuisans, les plaisirs vifs en doublent la durée, il n'y a que dans une situation calme qu'on peut en connoître la mesure, et qu'elle étoit loin de son cœur ! Elle s'arrachoit à l'amant le plus tendre, et qu'elle n'avoit jamais tant aimé, elle étoit sûre de le plonger dans le désespoir le plus cruel.... elle enchaînoit sa liberté pour l'empêcher de la suivre, elle vouloit qu'il ignorât pour toujours sa retraite, afin qu'il oubliât sa pauvre Athanaise, et qu'il reportât aux pieds d'une autre, des vœux qui evoient lui assurer un bonheur inaltérable.... elle sacrifioit leur mutuelle félicité à l'opinion, et en s'immolant, rien ne lui donnoit la certitude d'assurer le bonheur de Célicour. Que dise, au fond de son cœur, pouvoit-elle le désirer ? cependant c'étoit le prix de et effort bien au-dessus de la nature, et du premier mouvement et dont e lendemain elle n'eut pas été caable. Oh! vous qui voulez obéir aux oix impérieuses de la vertu, ne baancez pas un moment: si vous laissez éveiller les passions, si vous délibérez n instant avec elles, il n'est plus tems... »

« Mille fois elle pensa retourner à aris, mais le respect humain, ce dieu qui nous tyrannise tant que nous existons, la força de suivre sa route; elle la baignoit de ses pleurs, et elle la suivoit toujours. Chaque mouvement des roues sembloit ôter quelque chose à son être; plus elle s'éloignoit de Célicour, plus il sembloit qu'elle tenoit à lui; son cœur, son ame restoient auprès de lui et ce ne fut plus que le simulacre d'Athanaïse qui arriva au prieuré. Elle étoit tombée à la suite de ses réflexions dans une espèce de stupidité; et dans les cours de notre maison, sa voiture s'étoit arrêtée, il y avoit plusieurs instans, sans qu'elle pût en sortir: elle n'avoit pu proféré d'autre parole, depuis qu'elle avoit pris la route, que celle: à Saint-Éloi en Périgord. Elle répétoit machinalement ces mots à chaque relais. Quand le postillon vint à la portière, lui dire vous voila arrivée, que faut-il demander?—Elle répondit:

à Saint-Éloi en Périgord. — Mais, mademoiselle, vous y êtes. — J'y suis? ah! — Eh! bien donc, dites?.. — Quoi? — Que faut-il demander? — Qui vous voudrez. — Qui vous voudrez, vous-même, est-ce que vous ne savez pas ce que vous venez chercher?.. Elle est folle, je crois, cette demoiselle. — Cela pourroit bien être. — Enfin dites donc quelque chose. — Je vous dis à St-Éloi en Périgord. — Je n'ai rien vu de plus extraordinaire… et d'impatience il sonna au tour, la tourière arriva à la chaise de poste.... son habillement rappela un peu sa raison. — C'est madame de St.-Antoine, dit-elle, mademoiselle, demande madame de St.-Antoine, c'est-à-dire madame la prieure. — Oui la prieure. — Je vais le lui dire : quel est le nom de mademoiselle? — Est ce que vous avez affaire de mon nom? — Il faut bien que je le sache pour le dire à madame la prieure. — Eh! bien vous lui direz que c'est moi. — Je l'ai dit, reprit le postillon, elle est folle. — Je le crois, dit la tourière, mais c'est sûrement de chagrin, car elle me paroît accablée de tristesse. — Oh! oui, je suis bien triste.... Mais madame de Saint-Antoine me consolera, elle aura pitié de sa pauvre Athanaïse. — Vous vous appelez donc Athanaïse? — Est-ce que vous ne le savez pas? — Comment voulez-vous que je le sache, puisque je ne vous ai jamais vue?... La sœur tourière la quitta et me fait avertir, on vint me conter cette aventure extraordinaire. Je me rendis avec un grand empressement à la porte. Elle restoit toujours dans sa voiture, et paroissoit seulement étonnée de ne pas relayer. Enfin la porte s'ouvrit et lorsqu'elle me vit, elle fit un cri, et voulut se précipiter dans mes bras, on s'empressa de la faire descendre ; elle me serra étroitement, je la reconnus aussitôt ; mais quelle fut ma douleur, quand je la vis sans connoissance. Je la fis porter dans ma chambre, je lui donnai mon lit ; et jugeant à son pouls qu'elle n'étoit dans cet état que par épuisement, je lui fis prendre une potion cordiale qui la ranima : j'éloignai de chez moi toute la communauté qui s'y étoit rassemblée par cette curiosité si naturelle à tous les hommes, mais surtout à ceux qui privés de la société habituelle des humains, sont attentifs aux moindres événemens. Elle voulut me parler : un torrent de larmes, les premières, m'a-t-elle dit depuis, qu'elle eût versées, entrecoupoit son récit. Je la laissai pleurer en silence, et lui apportant un bouillon : —Il ne faut en ce moment penser qu'à réparer vos forces épuisées, demain nous causerons, et vous trouverez en moi une mère qui vous chérit, et emploiera tous les moyens de soulager vos chagrins.... Elle fit tout ce que je voulois, la fatigue la disposoit malgré elle au repos. Je passai la nuit auprès de son lit, et chaque fois qu'elle ouvroit les yeux, je la forçois de prendre quelques alimens doux et fortifians. Elle ne savoit où elle étoit, un léger souvenir de ses cuisans chagrins se faisoit sentir, mais ce n'étoit que comme au travers d'un brouillard; et en vain elle cherchoit qui l'avoit amenée en ce lieu. Elle crut un moment qu'elle n'avoit pas quitté l'abbaye de Saint-Antoine de Paris, et se rappelant confusément les évènemens de sa vie, le souvenir de d'Ac vint frapper son imagination troublée, et croyant le voir et qu'il venoit l'arracher de nouveau à ce saint asyle, elle s'écria en se jetant dans mes bras.—Ma chère maman, renvoyez ce méchant homme.... Ah! ne laissez pas emmener votre fille par ce monstre. — Qui? mon enfant. — Ce M. d'Ac, il nous a trompées.... et elle retomba dans sa première stupeur. La nuit se passa ainsi. Aux premiers rayons du soleil, je fis venir le médecin qui lui trouva beaucoup de fièvre : il ordonna des calmans qui la rendirent à la vie et à la douleur. En recouvrant la raison, elle a repris la connoissance de ses malheurs, elle m'ouvrit son âme. Je veux qu'elle épuise en quelque sorte ses douleurs, en la laissant m'en parler sans cesse. Je n'ai jamais connu cette froide pitié qui ne sait que dire aux malheureux : ne vous affligez pas, et leur impose silence sur le récit de leur chagrin, pour n'avoir pas l'ennui de les écouter.

Comme vous avez toujours, madame, été mêlée dans le récit des tristes aventures de notre chère Athanaïse, je donnerois tout au monde pour vous voir dans ce moment auprès d'elle; vos lettres qu'elle m'a montrées, annoncent une âme aussi sensible que courageuse, les occupations inséparables de ma place ne me laissent pas assez libre pour lui donner les soins continuels que son état exige. Je ne lui ai point dit que je vous écrivois ; mais j'ai cru d'après la confiance entière qu'elle a en vous, suivre le mouvement de son cœur , et lui rendre le plus grand service, en vous engageant à venir partager les plus tendres soins de mon amitié pour elle. Soyez persuadée, etc.

Sœur Saint-Antoine. »

Cette lettre pénétra mistriss de la plus profonde douleur. Elle ne put s'empêcher de s'écrier. — Ah ! si j'étois libre, comme je volerois auprès d'elle ! — Suis-je donc un tyran, reprit aussitôt Belton, et me croyez-vous capable d'oublier tout ce que je dois à madame de Walmore ? — Pardon, mon ami, la douleur m'égare ; je ne vous demanderai pas un sacrifice que je partagerai, je ne m'éloignerai point de mes enfans, de leur père. — Et si c'étoit moi qui vous le demandasse comme la seule manière de m'acquitter envers cette estimable femme ? Alors mistriss répondit : — Je ne balancerois pas un seul instant à aller lui porter les consolations qui dépendroient de moi, et elle ne perdit pas un moment pour passer en France.

Mistriss Belton arrivée au prieuré de Saint-Éloy, fit demander madame de Saint-Antoine, sans se nommer, craignant la surprise que son nom eût pu causer à son amie. La prieure vint au parloir, et lorsque mistriss se fut fait connoître, elle la combla d'amitiés, et la fit entrer. Elle resta quelques momens au tour, pendant que madame de Saint-Antoine alla prévenir la pauvre Athanaïse de l'arrivée de son amie. Mistriss Belton trembloit en entrant dans la chambre de cette infortunée; elle se jeta dans ses bras, quelques larmes s'échappèrent de ses yeux, mais prenant tout à coup un air calme et tranquille. — Qui m'auroit dit, grand Dieu! que je vous reverrois, à quel ange dois-je ce bien, le seul qui pouvoit me rester après...... — C'est madame de Saint-Antoine qui m'a appris que mon amie étoit ici, Belton n'a pu refuser à mes instances de me permettre de venir partager sa douleur. Athanaïse serra tendrement la main de la prieure, et ses yeux eurent dans ce moment une expression qui leur perça l'âme; madame de Saint-Antoine les laissa seules.

Mistriss ne savoit comment parler à ce cœur brisé par la douleur la plus vive : ce fut Athanaïse qui commença à lui ouvrir son âme. Comme ses sentimens étoient touchans et sublimes! que de vertus! Pénétrée de la plus profonde douleur, elle ne proféroit pas une plainte ; soumise à son sort, elle ne parloit de cet affreux sacrifice, que comme d'un devoir qu'elle avoit dû remplir ; elle s'accusoit seule de ses malheurs, pas un seul mot contre d'Ac, pas un contre madame de Grandprez, pas un retour vers l'amant adoré, de qui elle s'étoit arrachée ; elle n'osoit prononcer son nom, son portrait étoit dans sa chambre, couvert d'un voile, ses lettres attachées avec un ruban qu'elle avoit reçu de lui, étoient au pied ; mais elle ne se permettoit pas de les lire. — Vous voyez, disoit-elle à son amie, encore des preuves de ma foiblesse (c'étoit ainsi qu'elle nommoit les sentimens les plus vertueux), je n'ai pas eu le courage d'en faire le sacrifice..... mais vous m'aiderez à le faire, je le dois..... Ah! si j'avois suivi vos conseils, mais j'ai été entrainée par une force que rien n'a pu vaincre..... Puis s'arrêtant, elle parla de sir Belton et de ses enfans, avec une liberté d'esprit qui tenoit d'une créature céleste.....

« Je passe mes jours avec elle, écrivoit mistriss Belton à son mari, le 10 juin 1743, elle ne cherche pas à enfoncer le trait qui la déchire, elle se prête aux consolations de l'amitié; mais il est bien aisé de voir que rien ne la consolera. Je ne lui ai pas encore parlé de nos projets : je voudrois que mon amitié la déterminât à me suivre; je ne sais quels sont les siens, elle ne le sait peut-être pas elle-même ; je vous en ferai part, mon cher Belton, dès qu'elle m'en aura instruite.

Athanaïse veut que je vous dise combien elle est sensible au sacrifice que nous lui avons fait en nous séparant quelques instans. — Il est si cruel, a-t-elle dit d'une voix entrecoupée, d'être éloigné de ce que l'on aime ; mais, vous vous reverrez..... hélas ! soyez heureux, mes amis, je voudrois qu'il n'y eût que moi d'infortunée sur la terre, mes maux me paroîtroient moins grands. Quand je vois Athanaïse si malheureuse, et Célicour autant qu'elle, je ne puis qu'être affligée du parti qu'elle a pris, etc.

Lettre de sir Belton à sa femme.

Londres, le 5 juillet 1743.

« J'allois vous écrire, ma digne amie, quand j'ai reçu votre lettre, je n'ai pu la lire sans verser des larmes. Hélas ! je me suis souvenu du temps où j'étois aussi malheureux qu'Athanaïse, votre absence a réveillé ce souvenir ; loin de ce qu'on aime, la ville la plus peuplée n'est qu'un désert. Ne croyez pas cependant que je veuille presser votre retour. Je sens ce que nous devons à Athanaïse, et que jamais sans elle, je n'aurois été aussi heureux que je le suis maintenant ; puisque je n'avois plus d'espoir de me retrouver dans le sein d'une famille qui remplit tous mes vœux. J'approuve fort que vous n'ayez pas parlé à votre amie du desir que vous avez de la ramener au milieu de nous ; il faut, comme vous le dites très-bien, le lui laisser en quelque sorte desirer. Si son âme s'occupe de cette idée, ce sera le seul moyen de calmer sa douleur ; mais je doute que vous l'y fassiez consentir. Lorsque j'étois dans ma solitude, on auroit cherché vainement à m'en arracher, on ne peut la quitter que pour se réunir à ce que l'on aime, et Athanaïse ne le peut plus. Je vous connois trop, pour craindre que vous cherchiez à lui faire voir la possibilité de revenir sur ses pas ; Célicour peut mourir de douleur d'avoir perdu Athanaïse, parce que sa conduite envers lui la met au-dessus de toutes les femmes, et si elle faisoit la moindre démarche pour être à lui, il cesseroit peut-être de l'aimer, ce qui la rendroit plus malheureuse qu'elle ne l'est. Croyez sur cela, mon amie, un homme qu'une longue expérience, et sept ans de réflexions a mis à même de connoître mieux les inconséquences habituelles de notre pauvre espèce. Je vous dis cela, mon amie, parce que je sais que vous seriez au désespoir d'avoir donné, par sensibilité à Athanaïse, un conseil qui la plongeroit dans un abyme de maux bien plus grands que celui où elle est maintenant. Henriette auroit bien voulu voir votre lettre; mais je me suis gardé de la lui laisser lire: vous savez sur cela quels sont mes principes. J'éviterai toujours avec le plus grand soin tout ce qui pourroit développer sa sensibilité : j'aime mieux la voir froide jusqu'à la stupidité, que malheureuse. Georges se conduit très-bien, et tout seroit au mieux si j'avois mon adorée mistriss. Voici une lettre du comte d'Ormont, que j'ai reçue depuis votre départ, je ne sais ce qu'il vous mande, n'ayant pas voulu la décacheter, malgré la permission que vous m'en avez donnée : j'ai toujours regardé le secret des lettres, du droit des gens ; j'ai peut-être sur cela des idées exagérées, mais je crois qu'on ne peut même donner à personne le droit d'ouvrir des lettres qui nous sont adressées, puisque nous ne pouvons jamais savoir si ceux qui nous écrivent ont des secrets qu'ils ne veulent confier qu'à nous-mêmes, et dussé-je paroître extrême, j'aime mieux l'être en fait de délicatesse, que d'y manquer en quoi que ce soit, etc. »

Mistriss étoit chez Athanaïse quand on lui apporta la lettre de son mari ; elle lui avoit laissé ignorer la captivité de Célicour, craignant d'ajouter un nouveau tourment aux peines dont son âme étoit accablée ; elle ouvrit sans précaution le paquet de sir Belton, qui contenoit une lettre du comte d'Ormont. Son amie reconnut son écriture. — Ah! dit-elle, il vous écrit, c'est sans doute pour vous parler de moi ? Il n'étoit pas possible de ne pas la lui communiquer. Madame Belton l'ouvrit, elle renfermoit une lettre de Célicour. Le premier mouvement d'Athanaïse, fut de l'arracher des mains de son amie ; elle la lut avec un trouble qui pouvoit à peine lui permettre d'en distinguer les caractères ; puis se jetant dans les bras de mistriss : — Voyez, dit-elle, tout le mal que je lui ai fait.

Lettre du comte d'Ormont à mistriss Belton.

De Paris, le 15 juin 1743.

TRÈS-HONORÉE MISTRISS,

« Je sais que vous avez été instruite par la fidèle Julie des malheurs qui accablent tout ce qui a connu madame de Walmore, mais ce qu'elle n'a pu vous assurer, et qui n'est que trop vrai, c'est la détention de Célicour à la Bastille. Ce malheureux amant languit dans ces terribles cachots. . . . . . .
. . . .
. . . .
. . . .

M. d'Ormont après avoir instruit madame Belton de tout ce qui étoit arrivé, et que j'ai déjà raconté, continue ainsi :

» Je ne sais par quel moyen Célicour a pu me faire parvenir la lettre ci-jointe; comme j'espère que vous serez instruite avant moi du lieu de la retraite de son amie, je vous l'envoie. Des ordres supérieurs me forcent à partir pour Saint-Domingue, jamais je n'ai supporté avec tant d'impatience mes chaînes, que depuis qu'elles m'ôtent la possibilité d'être utile à deux êtres qui me sont si chers; aussitôt après mon retour, j'irai vous chercher à Londres, puissé-je y trouver celle que nous chérissons tous!

Lettre de Célicour au comte d'Ormont.

De la Bastille, le 15 mai 1743.

« O vous qui êtes le seul être dans la nature qui entende mon cœur, le seul, si j'en excepte le bon Clermont, dont je n'ai pas à me plaindre, je vous écris, et comment ma lettre partira-t-elle, comment puis-je l'écrire, vous vous en apercevrez assez; des lettres coupées çà et là dans un livre que l'humanité du gouverneur m'a procuré pour adoucir ma solitude, des lettres prises ainsi, forment ces caractères bizarres que vous aurez peut-être bien de la peine à lire ; n'importe, cette occupation soulage ma douleur, suspend les effets de ma rage. Clermont m'a dit que vous étiez parti pour la chercher, dites-lui que sa fatale prudence a causé...... dites-lui que je languis dans les fers, sans avoir aucun moyen de terminer ma vie, qu'elle a condamné à un malheur qui ne peut s'exprimer. Mais surtout dites-lui qu'elle n'enchaîne pas sa liberté, qu'elle ne prononce pas de sacrilèges vœux, qui mettroient entre elle et moi d'inutiles barrières. Opprimé par les lois barbares de la société, je n'en connois d'autres que celles de la nature. J'abjure tous les préjugés dont je suis la victime, et dans l'instant où je sortirai de ces funestes lieux (car il faut bien que j'en sorte, ils ne me laisseront pas éternellement ici), je parcourrai toute la France, il n'y aura pas un asyle que l'on nomme sacré, où je n'aille la demander; et malheur à celui qui la renfermera. Si je ne puis y pénétrer, j'y mettrai le feu, et c'est au travers des flammes que j'irai l'enlever : elles serviront de flambeaux à notre hymen, et sous la voûte des cieux je prononcerai le serment de mourir plutôt que de m'en séparer! Oui, voilà mes résolutions, dites-lui bien..... Elle doit me connoître, elle doit savoir que je suis capable de tout, plutôt que de vivre séparé d'elle. Mais que dis-je, malheureux, sais-je si vous la trouverez.

verez, et si je pourrai échapper aux fers de mes tyrans ? Je ne puis résister long-temps à mon sort. Je viens de trouver le moyen de faire porter cette lettre, j'en profite..... Adieu. »

Tout ce que ces deux lettres firent éprouver à Athanaïse, ne se peut concevoir.—Partons, dit-elle à son amie; il faut que je voie le ministre, il faut faire rendre la liberté à mon cher Célicour. Ne croyez pas pour cela que je change de résolution : lorsqu'il sera libre, je reviendrai ici, mais je ne supporte pas plus l'idée de son infortune, que je n'ai pu supporter celle de le déshonorer. Madame de Saint-Antoine approuva le projet de sa chère Athanaïse, qui partit avec son amie.

Cependant Célicour attendoit avec une impatience extrême la réponse à sa lettre : chaque jour lui paroissoit un siècle. Enfin il vit entrer dans sa chambre le gouverneur, qui lui remit une lettre. — Dieu ! D'Athanaïse, et il se laissa tomber dans les bras du gouverneur, ne pouvant soutenir l'excès de sa joie. Puis, reprenant ses sens, il lut ces mots tracés par l'amour le plus tendre.

Lettre d'Athanaïse à Célicour.

Paris, ce 27 juillet 1743.

« Vous, dans les fers, et j'aurai pu l'apprendre sans voler à votre secours, surtout quand c'est pour moi que vous vous êtes rendu coupable. Heureusement que le ciel qui a jugé de la pureté de vos intentions, n'a pas permis qu'aucun de ceux qui ne faisoient qu'exécuter la loi, ait été la victime de votre passion; ils sont hors de danger, et vous allez quitter ce séjour qui renferme le crime et l'innocence. J'ai plus fait, j'ai obtenu que la lettre de cachet vous exilât à Célicour, avec la liberté de vous éloigner à dix lieues à la ronde, le ministre, il est vrai, y a ajouté des gardes qui répondront de vous. Ô mon ami! je vous conjure au nom de cet amour infortuné que je conserverai jusqu'au dernier soupir, de ne point vous révolter contre cette mesure, que votre violence a rendue indispensable ; c'est, m'a dit le ministre (chez qui je vous écris), à votre modération, à votre parfaite tranquillité, et à l'accomplissement de vos promesses à la famille de Clerville, que vous devrez une liberté entière : n'espérez pas me revoir avant ce moment, mais croyez qu'il n'y en aura jamais un seul de ma vie qui ne vous appartienne; n'espérez pas aussi découvrir ma retraite, elle sera impénétrable à vos recherches, mais j'y penserai sans cesse à vous, j'y serai instruite de vos moindres actions, et lorsque je vous saurai tranquille, heureux, et remplissant les devoirs que l'honneur vous impose, je jouirai de quelque repos. Mais si vous continuez à vous livrer à une passion insensée, vous me rendrez l'être le plus infortuné, et vous conduirez au tombeau votre fidèle..... ATHANAÏSE.

P. S. « Ne m'accusez point de caprice ni de mauvaise foi, en ayant manqué à la parole que je vous avois donnée: les motifs les plus forts m'y ont déterminée. Je vous les expliquerai lorsque je vous saurai à Célicour, où je vous écrirai encore une fois. »

Célicour fit mille questions au gouverneur, pour savoir comment cette lettre lui étoit parvenue, à quel instant il l'avoit reçue. — Le ministre me l'a envoyée il y a deux fois vingt-quatre heures, j'avois ordre de ne vous la remettre qu'à cet instant. — Ah ! que de précautions pour se dérober à moi, et elle dit qu'elle m'aime.... mais n'importe, elle m'assure que je la reverrai..... qu'elle pensera à moi..... je puis supporter la vie, je me conformerai à ses volontés dans tout ce qui m'est possible. — Vous êtes libre, monsieur, dit le gouverneur, et il partit pour Célicour avec deux gardes et son fidèle Clermont.

Dès qu'il fut arrivé, son premier soin fut de répondre à Athanaïse. Il n'adressa point sa lettre à mistriss, mais à sir Belton dont il connoissoit la jalousie; puis il écrivit à M. d'Ormont qu'il ne savoit pas parti pour Saint-Domingue. Je croirois priver le lecteur d'un plaisir, si je supprimois ces lettres.

Lettre de Célicour à sir Belton.

A Célicour, le 1er. août 1743.

« Je n'ai point, monsieur, l'honneur d'être connu de vous, mais vous savez mes malheurs, mais mistriss Belton est l'amie de celle qui fait le tourment et le charme de ma vie. Je ne crains donc pas de vous importuner en vous écrivant, en vous demandant même la permission de vous adresser une lettre pour madame de Walmore: vous savez où elle est, car il n'y a que par mistriss, qu'elle a pu être informée de ma détention. Ce n'est donc que par vous que je puis lui faire passer ces assurances d'un amour qui durera autant que ma vie. Au nom de l'humanité, au nom de l'amour dont vous avez ressenti toutes les douleurs ; daignez lui envoyer cette lettre et assurez-moi par un seul mot, qu'elle l'a reçue. »

« Je vous l'envoie ouverte, afin que vous puissiez juger par vous-même de tout ce que je souffre.

« J'ai l'honneur, etc. »

Lettre de Célicour à Athanaïse.

De Célicour, le 1er. août 1743.

« Quoi, faudra-t-il toujours vous devoir tout, excepté le bonheur, ô la plus cruelle et la plus tendre des femmes ! C'est vous qui avez brisé les chaînes que votre ingénieuse cruauté avoit appesanties sur moi ; sans cette lettre de cachet, je n'aurois pas été exposé au malheur de tremper mes mains dans le sang de mes semblables : je serois resté libre ; mais vous ne le vouliez pas. Vous vouliez qu'un obstacle insurmontable nous séparât; vous vouliez me faire perdre vos traces, mais ne vous en flattez pas toujours. J'attends l'effet de vos insidieuses promesses, j'attends cette lettre qui me doit, dites-vous, justifier cette inconcevable conduite; mais, dès que je l'aurai reçue, si je ne suis pas certain de vous revoir, je pars, malgré les odieuses précautions qu'on a prises pour m'arrêter ici, et je vous trouverai, oui, je vous trouverai, et vous enleverai aux yeux de tous, et malgré tous les vains raisonnemens, je vous conduis aux pieds des autels. Vous êtes à moi, puisque je suis aimé!... Mais puis-je le croire, quand vous me fuyez. Athanaïse, prends pitié de ton malheureux ami, sa raison s'égare. »

Je n'en ai plus, les Dieux m'en ont ôté l'usage.

« Je meurs loin de toi, et c'est toi

qui le veux, non, tu ne m'aimas jamais, si tu ne sens pas les maux que j'éprouve : si tu les ressens, tu es la plus barbare des femmes, viens, viens, mon amie, mon ame, mon seul, mon unique bien, viens, si tu ne veux pas n'avoir bientôt qu'à pleurer ton malheureux

CÉLICOUR. »

Cette lettre arriva à Londres, pendant que mistriss étoit au prieuré de Saint-Éloy, son mari qui partageoit l'opinion d'Athanaïse et qui croyoit impossible qu'elle fût jamais unie à son amant, ne crut point devoir la lui envoyer et se contenta de répondre à Célicour.

Lettre de sir Belton à Célicour.

Londres, le 10 août 1743,

« Je n'ai pas, monsieur, l'honneur de vous connoître, si l'on appelle connoître, avoir vu les traits de celui dont on parle ; mais, je connois votre âme, j'en juge par celle de votre incomparable amie ; ainsi je vous connois très-bien, j'ai, je vous assure, beaucoup d'amitié pour vous ; beaucoup, n'en doutez pas ; mais c'est cette même amitié qui m'unit à vous et à madame de Walmore, qui m'empêche de lui envoyer votre lettre qui seroit bien faite pour ébranler sa généreuse résolution, fondée sur des raisons qu'une folle passion peut seule combattre. Je vais essayer de les mettre par ordre. »

« J'étois instruit du secret de madame de Walmore, je ne le fus malheureusement que trop tard ; mais n'anticipons point sur ce que je veux dire. »

« Je conçus d'elle une haute idée, par tout ce que m'en a dit son mari ; je vis plusieurs de ses lettres, dont la beauté de l'écriture, la parfaite correction de l'orthographe, l'élégance du style, tout annonçoit l'éducation la plus soignée, mais plus pleines de choses que de mots. Je me dis : cette femme joint aux grâces, la plus grande solidité d'esprit. La chaleur avec laquelle elle engageoit le lord à me chercher, pour me rendre à ma chère Belton, faisoit l'éloge de sa sensibilité. Je me dis : cette femme est parfaite, son mari possède des biens immenses, il a le rang le plus brillant, il l'adore ; cette femme est la plus heureuse des femmes. Mais lorsque j'arrivai à Londres, j'appris par mistriss, que son mariage étoit de ceux qu'on appelle clandestins, qu'il n'y avoit ni acte, ni contrat. Je fus sensiblement affligé, je pressentis, pour notre malheureuse amie, tous les malheurs qui l'accablent; et me promis bien, dès que Walmore seroit de retour, de le décider à donner à son mariage la sanction des lois, et surtout la publicité qui est si nécessaire pour l'acte le plus respectable de la société. Lorsque j'appris la mort de notre ami, je fus au désespoir. Et il est très-certain que si j'avois pu croire que sa fin fût si prochaine, à peine arrivé en Angleterre, j'aurois traversé les mers, pour lui dire qu'il se devoit à lui-même, de ne pas laisser au hasard la réputation d'une femme aussi intéressante, qui auroit d'autant plus d'ennemis qu'elle seroit plus belle. Je voyois déjà s'armer contre elle toutes les femmes, dans le genre de la Clercé, qui cherchent à faire rejaillir la honte de leur infâme conduite sur celles que les apparences accusent. Mais il n'étoit plus temps ; et je me flattois que madame de Walmore connue à Paris, comme elle l'est bien en effet, pour la veuve du lord, jouiroit de la considération due à ses vertus. C'est ce qui fit que je n'insistai pas pour qu'elle revînt à Londres. »

« Dès que mistriss me fit part que vous l'aimiez et que vous en étiez aimé, je l'engageai à écrire à son ami de terminer promptement, en vous instruisant de son sort. Je pensois bien que le voile resté sur son origine ne vous feroit pas changer d'avis, que les malheurs qui l'avoient contrainte d'épouser le lord, ne vous la rendroient que plus chère, puisqu'ils étoient une nouvelle preuve de sa vertu, et que vous ne seriez occupée que du soin d'effacer la trace des chagrins de son adolescence. Mais il falloit que personne n'eût intérêt à faire penser qu'elle n'avoit pas été réellement mariée, et malheureusement elle avoit dans la personne de d'Ac, un ennemi d'autant plus redoutable, que maître de son secret, elle l'avoit ou trop, ou trop peu ménagé. Vous seul eussiez pu lui en imposer, ces sortes d'hommes ne craignent point les femmes ; et si milady vous eut parlé avec franchise, alors vous eussiez contraint d'Ac au silence, et il n'auroit pas armé l'atroce jalousie de la Clercé de moyens aussi sûrs pour perdre votre respectable amie. Mais elle ne voulut jamais suivre vos conseils, et la crainte de perdre votre tendresse en vous instruisant de sa position, lui fit croire qu'elle auroit le courage de vous fuir, car il lui paroissoit moins malheureux de s'opposer à vos desseins, en vous laissant ignorer les sentimens de son cœur, que de les voir éteindre par le récit de ses infortunes. Ainsi, tout à la fois victime et esclave des préjugés, elle n'a pas su prendre un parti lorsqu'il pouvoit être utile. Votre amour a vaincu les obstacles; et enfin, ce que la prudence n'avoit pas fait, la sincérité de votre affection le faisoit, et je crus encore une fois qu'Athanaïse alloit être heureuse. »

« Rien n'étoit aussi simple que votre union avec elle, vous épousiez la veuve du lord Walmore ; elle faisoit votre fortune ; vous aviez une excellente maison ; personne ne vous en auroit demandé davantage.

« Mais ici la scène change. D'Ac calomnie la vertu la plus pure, je dis d'Ac, parce que je ne vois que lui qui ait pu servir tout à la fois sa vengeance et celle de madame de Clercé; enfin cette femme est instruite par d'Ac, qui défigure les faits, et l'épouse de Walmore n'est plus aux yeux d'un monde frivole, qu'une femme assez vile pour avoir échangé l'honneur contre une fortune considérable, il faut trancher le mot, et dire avec la dévote Grandprez : ce n'est qu'une femme entretenue. Je sais que je vous révolte, monsieur, en répétant ces bruits calomnieux, mais ayez le courage de les entendre, puisqu'il n'est plus en votre pouvoir de les faire cesser..... A présent mettez-vous à la place de l'homme qui jugeroit de sang-froid. Si un de vos amis vous demandoit conseil, s'il vous disoit : je tiens un rang distingué dans la société, tant par ma naissance que par mon grade; j'avois une fortune considérable qu'un procès m'a fait perdre; je rencontre une femme charmante, ayant quinze cents mille francs de bien, vous lui diriez : — Mon ami, vous êtes trop heureux ! — Mais cette femme est un enfant trouvé ! — Qu'importe, si elle est, comme vous le dites, parfaitement élevée : la naissance n'est qu'un effet du hasard, ne tenant à rien elle vous en aimera davantage. — Mais, ajouterez-vous à voix basse, elle n'a acquis cette fortune qu'en étant la maîtresse déclarée d'un grand seigneur, dont elle porte le nom, sans qu'aucun acte prouve qu'elle ait été sa femme. — Vous lui direz, j'en suis bien sûr, arrachez-vous à cette séduction, vous seriez perdu en y cédant. Vous n'empêcherez jamais le public de dire que l'intérêt seul vous a décidé, et que vous avez sacrifié la réputation d'homme d'honneur, à une fortune que vous serez obligé de partager avec des êtres dégradés, car aucun de ceux qui conservent des principes, ne pourront vous voir. Ce jugement sévère, je le sais, ne sera que le fruit d'une calomnie; mais dites-moi, mon cher, qu'opposerez-vous pour la détruire ? Voilà ce que votre malheureuse amie a senti, en lisant la lettre de madame de Grandprez, qui a eu l'indignité de lui reprocher de l'avoir trompée. Alors elle a dû mettre, entre vous et elle, une barrière insurmontable, jusqu'à ce que reprenant vos premiers engagemens avec madame de Clerville, vous soyez dans l'impossibilité morale de prétendre vous unir à elle. C'est le seul parti qui vous reste à prendre, si vous voulez qu'elle conserve sa liberté. Je sais qu'il en est un autre qui convient mieux à un sentiment aussi profond que celui qu'il paroît que vous nourrissez pour la plus tendre et la plus aimable des femmes..... mais c'est la condamner à une retraite éternelle. En vérité, je ne sais ce qui lui sera le moins cruel. On ne peut juger d'elle que comme d'une femme ordinaire, et je suis sûr que si vous lui gardez une fidélité constante, elle jouira dans le cloître où elle engagera sa liberté, de tout le prix de son sacrifice. Elle sera moins malheureuse qu'en vous sachant dans les bras d'une autre. D'ailleurs, une fois qu'elle se seroit engagée par des vœux, vous pourriez jouir du bonheur de la voir de temps en temps, de recevoir de ses lettres ; et, à tout prendre, ces jouissances sont les seules que le temps rend plus précieuses, au lieu que les autres s'affoïblissent. Votre amour sera toujours au printemps de l'âge, et jouissant tous deux du bonheur de vous aimer, vous ne serez pas sans ces plaisirs, d'autant plus grands, qu'ils sont plus purs. L'homme né pouvant être parfaitement heureux que lorsque la partie puissante de lui-même est séparée de sa grossière enveloppe, plus notre bonheur est indépendant de nos sens, plus il se rapproche de la félicité inaltérable, dont nous jouirons un jour : et croyez à l'expérience d'un homme qui s'est livré à tout l'excès d'une passion terrible. Il n'y a dans l'amour, de véritable volupté, que celle qui tient à l'âme. Puisse la vôtre se livrer à cette morale consolatrice ; je ne me flatte pas qu'à la première lecture de cette lettre vous conveniez des vérités qu'elle contient ; mais relisez-la plusieurs fois, et j'espère qu'elle vous fera quelqu'impression, et que surtout vous y verrez qu'elle n'est dictée que par l'attachement, etc.

P. S. Comme j'allois fermer ma lettre, j'en reçois une de votre amie, qu'elle me prie de vous faire passer ;

comme elle vous persuadera encore mieux que la mienne, je me hâte de vous l'adresser. »

Je ne transcrirai point cette lettre, où l'on ne verroit que la même opinion développée dans celle de Belton, elle finissoit en lui disant :

«... Mon ami, vous pouvez à votre gré me condamner aux rigueurs du cloître, ou me rendre à la société, vous seul êtes le maître de mon sort..... Epousez mademoiselle de Clerville, et je reviendrai habiter Surville, cette retraite aura pour moi mille charmes, puisque j'y retrouverai les traces de vos pas, j'y retrouverai des amis avec qui je pourrai parler de vous ; j'y apprendrai que vous êtes heureux, et que vous êtes rendu à la société dont vous êtes fait pour être l'ornement ;

que vous avez des enfans. Des enfans ! oui, je les aimerai, ils seront les vôtres. Je me dirai: il fut un temps où j'ai pu me flatter que ce seroit moi qui jouirois du bonheur de le rendre père, ils te ressembleront, je les aimerai….. Mais si vous persistez à rester libre, il faudra bien que je m'enchaîne, il faudra bien renoncer à tout, pour vous conserver l'honneur. Oui, je jure par tout ce qu'il y a de plus sacré, que je ne vous reverrai jamais, qu'il n'y ait entre vous et moi un obstacle insurmontable, ce serment est inviolable, et je mourrai plutôt que d'y manquer. Adieu, vous qui serez jusqu'à mon dernier soupir le seul objet de mes pensées; jamais je n'en aurai d'autre, que pour votre bonheur: le mien est dans mon amour!…. Et mon amour durera autant que ma vie. »

Célicour répondit à ces deux lettres,

et attendit inutilement que les raisonnemens que lui dictoit son amour pour combattre la résolution d'Athanaïse, la fissent changer; elle restoit inexorable, et ne lui écrivoit plus. Il avoit su aussi que M. d'Ormont étoit parti pour Saint-Domingue, il lui écrivit, et ne comptoit que sur lui pour découvrir la retraite de son amie; et dès qu'il l'auroit découverte, il étoit assuré de la décider à se rendre à lui; mais qui lui dira où elle est?

Cependant Athanaïse avec son amie avoit repris le chemin du prieuré de Saint-Éloi, où madame de Saint-Antoine les vit revenir avec le plus grand plaisir, et remit à mistriss Belton plusieurs lettres de son mari. Celle en réponse à la lettre qu'elle lui avoit écrite en partant pour Paris avec Athanaïse, ne s'est point trouvée dans celles où j'ai puisé ces mémoires.

Je donnerai de suite celles que mistriss et son mari s'écrivirent pendant le séjour que cette amie d'Athanaïse fit au prieuré de Saint-Éloi.

Lettre de sir Belton à sa femme.

De Londres, le 22 juillet 1743.

« J'ai été véritablement affligé, mon amie, du hasard malheureux qui a fait tomber dans les mains d'Athanaïse, la lettre de Célicour, elle auroit pu, dans une âme moins courageuse que la sienne, renverser ses résolutions, mais sa vertu a encore un mérite de plus, puisqu'elle a su résister à cette nouvelle épreuve, et servir celui qu'elle aime. Si j'osois ma chère mistriss, je contrarierois ce que vous me dites sur la naissance d'Athanaïse. Comment une femme aussi raisonnable que vous, peut-elle

elle avoir ce préjugé ? tous les hommes reçoivent, dans quelque classe qu'ils soient, les mêmes qualités; l'éducation seule les développe. Qu'Athanaïse ait reçu le jour d'un grand seigneur ou d'un simple artisan, son éducation a développé le germe des vertus, il n'est pas même jusqu'au perfide d'Ac, qui n'ait servi à lui donner cette élévation qu'on remarque dans les gens que l'on appelle bien nés. La noblesse n'a d'autre avantage que d'être un miroir, comme le dit un vieux romancier français, et l'on se regarde à côté de l'image de ses ancêtres, pour tâcher de les imiter. D'Ac, dis-je, en faisant entendre à votre amie qu'elle étoit demoiselle, m'a présenté ce miroir, et quoiqu'ensuite elle ait su la vérité, le rôle qu'elle a joué dans le monde, joint à ses grâces et aux dons précieux qu'elle a reçus de la nature, l'ont forcée à conserver dans toutes ses actions, cette dignité, cette décence qu'on croit être l'apanage d'un rang élevé. Mais qu'importe à présent son origine? sa carrière est finie, et quelque soit son sort, elle n'a plus de distinction à prétendre dans ce monde frivole, dont les nuances s'effacent aux yeux du vrai sage; et croyez que pour notre amie, ce n'est pas un malheur assez grand, pour qu'il puisse faire douter de cette intelligence supérieure qui veille sur nous. Qui nous dit que dans ce concours de circonstances, elle n'eut pas été plus malheureuse? Insensés que nous sommes, nous ne voyons qu'un coin du tableau, nous voulons juger de tout l'ouvrage. Cette vie n'est qu'un voyage pénible, tout nous en annonce une autre, et l'instabilité de nos désirs nous y rappelle sans cesse. Ne plaignez donc pas celle qui par ses malheurs est ramenée vers ce jour consolant où tout se dissipe. Sans l'abandon de ses parens, sans les intrigues de d'Ac, sans l'engagement de Célicour et la lettre de madame de Grandprez, Athanaïse auroit peut-être cessé d'exister, sans avoir jamais porté ses regards vers cette patrie où nous jouirons, comme elle le dit, de tous les biens, sans trouble et sans remords. Réfléchissez un moment, ma chère amie, et loin de la plaindre, vous envierez son sort. Qui sait d'ailleurs, la suite des événemens qui l'attendent encore? mais ne dût-elle jamais en éprouver d'autres, je l'estimerois heureuse d'avoir échappé aux séductions du monde. Je vous adresse cette lettre à Saint-Éloi où je présume que vous devez être de retour.

Il faut donc attendre encore un mois sans vous voir : que ce terme est long! mais je suis aussi fidèle à ne pas vous rappeler, que vous le serez à vous réunir à l'ami le plus tendre que vous puissiez avoir. Vos enfans veulent vous écrire, ma chère amie, c'est une récompense du zèle qu'ils mettent à remplir leur devoir. Je leur cède la plume.

Lettre d'Henriette Belton à sa mère.

« Je trouve le temps bien long; j'aime papa, mais, ma bonne petite maman, je vous aime bien aussi. Jamais je ne vous ai quittée; pensez donc qu'Henriette n'a jamais eu d'autres soins que les vôtres. Papa dit que vous avez des devoirs d'amitié qui vous ont forcée à ce voyage; mais, maman, vous avez bien aussi de l'amitié pour moi, pour mon petit Georges : qui peut donc vous arrêter si long-temps ? revenez, maman, je vous en conjure. Je ne peux déchiffrer les airs italiens sans vous. Papa, comme vous ne l'ignorez pas, ne sait pas la musique. Ah ! maman j'ai fait un bien beau dessin, je voulois vous l'envoyer, papa ne l'a point voulu. J'ai bien soin de lui, c'est moi qui lui fais son thé ; mais il ne le trouve pas aussi bon que quand c'est vous. Si vous voyez milady Walmore, embrassez-la bien pour moi, ma petite maman, vous m'avez promis de beaux livres français, ainsi qu'à mon frère. Le voilà qui veut aussi vous dire quelque chose, il m'ôte la plume.... Il faut bien céder quand on est la plus raisonnable. Je suis, etc.

HENRIETTE BELTON. »

Lettre de George Belton à sa mère.

Oh ! la plus raisonnable, je ne conviens pas de cela; elle est trop française et je suis tout anglais. Maman, si vous ne venez pas, nous irons vous chercher. Voilà ce qu'elle n'a pas le bon sens de vous dire, avec ses petites phrases mignardes. Moi je dis tout de suite ce que je pense. Adieu, maman.... J'ai monté à cheval ce matin pour la première fois, papa a été content de moi, je démontre déjà l'égalité des angles. Je suis, etc.

GEORGES BELTON. »

Mistriss ne put résister au plaisir de faire lire la lettre de Belton à son amie. Elle la pria de lui en donner copie. — Je la lirai, dit-elle, elle adoucira les amertumes de ma vie. Elle ne lui fit pas voir celles de ses enfans : leur naïve tendresse lui auroit fait regretter plus vivement le bien dont elle étoit privée pour toujours.

Madame Belton avoit la consolation de ne pas laisser Athanaïse entièrement isolée. Elle s'étoit liée depuis quelque temps, avec une femme du plus grand mérite, nommée madame de Lesseville. Il étoit impossible d'être plus sensible et plus généreuse; il y avoit plus de vingt ans qu'elle étoit à Saint-Éloi. On ignoroit qui elle étoit, mais son caractère, ses talens annonçoient une éducation soignée. Elle paroissoit avoir eu de longs chagrins; elle avoit prié que l'on ne lui fît aucune question, ou bien qu'elle quitteroit cet asile: comme elle faisoit beaucoup de bien à la maison, on avoit garde de la contrarier.

Aux premiers détails que madame de Saint-Antoine fit aux deux amies, Athanaïse crut que ce pouvoit être Amélie d'Ormont : sans le dire à mistriss qui avoit eu la même idée, elles voulurent l'une et l'autre la voir. Comme elle étoit extrêmement voûtée, elle souffroit en marchant : elle n'avoit presque plus de dents, et son excessive maigreur ne lui laissoit plus d'autres traits que de fort grands yeux. Elle paroissoit avoir cinquante ans, ce qui détruisit l'idée qu'avoient ces deux amies, puisque d'après M. d'Ormont sa sœur ne devoit avoir que trente-sept ou trente-huit ans. Madame de Lesseville reçut les deux amies avec aménité, le son de sa voix conservoit plus de fraîcheur que sa personne, et étoit d'une extrême douceur. Ces dames ne lui firent aucune question. Elle vanta les charmes d'une vie retirée et tranquille, surtout les soins de madame de Saint-Antoine. Cette première visite ne fut pas longue, le son de la cloche appela la prieure au chœur, et les amies sortirent avec elle. Depuis elles se virent presque tous les jours. Athanaïse paroissoit s'attacher de plus en plus à madame de Lesseville, les malheureux s'entendent sans se parler; elles passoient quelquefois des heures ensemble, et ces conversations étoient mystérieuses. Madame Belton croyoit que c'étoit pour savoir s'il est plus ou moins avantageux de s'engager dans le cloître.

Pendant un de ces tête-à-têtes d'où Athanaïse sortoit plus calme, mistriss eut une longue conversation avec madame de Saint-Antoine. — Que pensez-vous, lui dit l'aimable anglaise, de la résolution de notre amie de prononcer des vœux? — Je la blâme absolument, dit la prieure. — Est-ce que votre état vous déplaît? — Non, au contraire, et si je n'avois que dix-huit ans, je ferois profession demain, si je

8.

ne l'avois pas encore fait, mais mon caractère, mes habitudes sont différens de ceux d'Athanaïse.... Née d'un père qui avoit une nombreuse famille, j'ai été accoutumée de bonne heure au travail et aux privations ; élevée dans un vieux château, privée de toutes ressources, mon éducation n'a eu aucune recherche; ma mère nous formoit à la piété, nous faisoit lire l'histoire, écrire et calculer, surtout partager les soins de la maison, mon père n'en savoit pas davantage, il alloit tous les jours à la chasse, revenoit le soir fatigué, souvent de mauvaise humeur parce que son chien avoit manqué un arrêt ; tout cela n'étoit pas fait pour me donner le goût du monde ; je n'avois pas d'autre espoir que d'être un jour la première servante de mon frère aîné.... J'allois quelques fois dans une abbaye voisine, et c'étoit mon plus grand plaisir, je voulus essayer si cette vie me plairoit, je demandai à ma mère la permission d'y passer trois mois, et je n'en suis pas sortie sans avoir prononcé mes vœux. J'ai trouvé mille charmes dans ce genre de vie qui étoit doux pour moi, en comparaison de celui de la maison paternelle. Des raisons du gouvernement déterminèrent nos supérieurs ecclésiastiques à réunir cette abbaye à celle de Saint-Antoine de Paris. On m'y donna la charge de maîtresse des pensionnaires. Je sentis alors que je devois m'instruire, parce que ce n'étoient pas des religieuses que je devois former, mais de dignes mères de famille. Je m'appliquai à cultiver leur esprit et leur cœur, presque toutes ont bien réussi ; mais aucune ne peut être comparée à notre chère Athanaïse. J'ai été appelée ici, où tout étoit en désordre, j'y ai ramené la paix. J'ai vu qu'il n'y avoit de trouble dans nos maisons, que par celles qui ayant connu un autre genre de vie, ne peuvent s'accoutumer aux privations, à cette obéissance absolue, et aux minuties de notre état, mais c'est encore bien pis quand à cet usage du monde parfaitement inutile dans nos cloîtres, on joint le souvenir d'un attachement malheureux.....

Il y avoit dans l'abbaye de Saint-Antoine à Paris, une de nos sœurs, dont le sort doit faire à jamais frémir celles qu'un mouvement de désespoir amène aux pieds des autels. Elle avoit près de cinquante ans quand je l'ai connue, et ses regrets étoient aussi vifs que le jour qu'elle avoit quitté son amant, rien ne lui disoit que le tems d'aimer passe avec celui de plaire, rien n'avoit usé son sentiment; et les reproches qu'elle se faisoit sans cesse, avoient attisé, si je puis me servir de ce terme, le feu qui la dévoroit : les verroux, les grilles étoient tous les jours plus affreux pour elle. J'aurois voulu qu'il eût été possible qu'elle sortît un moment pour voir l'objet de sa fatale tendresse, je crois qu'elle auroit fini par rire elle-même de sa folie. L'âge de celui qu'elle voyoit toujours à vingt ans, beau et aimable, lui auroit peut-être appris le sien, elle l'auroit trouvé grand-père ; car il s'étoit écoulé trente ans depuis leur séparation, et il n'auroit sûrement pas reconnu celle qui alloit tous les jours aux pieds des autels demander à Dieu la grâce d'éteindre la flamme criminelle dont son cœur étoit embrasé.... Voilà ce qui arriveroit à notre chère Athanaïse, et ce qu'il faut éviter.... Qu'elle reste ici jusqu'à ce que Célicour soit marié, ensuite elle se retirera dans sa terre, elle vivra dans son canton avec décence, elle y verra les honnêtes gens des environs, fera du bien à ses vassaux, cultivera ses talens, voilà ce qu'elle doit faire ; mais il ne faut pas le lui dire à présent, il faut lui laisser croire qu'il n'y a rien d'aussi beau que ce sacrifice.... Rapportez-vous en à moi, pour retarder tellement ses vœux, qu'elle ne les prononcera pas. Je crois que madame de Lesseville ne la déterminera pas non plus, puisqu'avec beaucoup moins de moyens, de bonne heure elle a conservé sa liberté, qui d'ailleurs rend plus agréable à Dieu, une vie exemplaire ; les bonnes œuvres qui ne sont pas obligées, sont infiniment plus méritoires. Mistriss étoit enchantée d'entendre parler d'une manière aussi franche et aussi simple, cette digne fille, et éprouvoit une grande consolation de laisser Athanaïse avec de telles amies.

Les méchans ont toujours le pouvoir de faire le mal : il n'appartient qu'à la vertu de le réparer. C'étoit madame de Clercé et d'Ac qui avoient précipité Célicour dans cet abyme de maux dont Athanaïse l'avoit retiré ; c'étoit à elle qu'il devoit de jouir, si non d'une liberté absolue, au moins de celle nécessaire à sa santé, et madame de Clerville secondoit les intentions de cette tendre amante, en cherchant à procurer à Célicour tous les adoucissemens qui étoient en son pouvoir. Elle venoit le voir presque tous les jours : on a déjà dit que leurs terres étoient limitrophes. Jamais elle ne lui parloit de ses premiers engagemens. Elle l'écoutoit avec une patience et une sensibilité qui n'appartiennent qu'aux femmes ; souvent elle restoit des heures entières avec lui, sans proférer une parole.....
Alors les yeux fixés sur sa pendule, il

sembloit que chaque mouvement que faisoit l'aiguille, allégeoit sa douleur, en lui laissant un moment de moins à exister sans revoir Athanaïse. Si madame de Clerville n'étoit pas importune à Célicour, et ne cherchoit pas à se rendre nécessaire malgré lui, il n'en étoit pas de même du baron d'Orvigny, qui prêchoit sans cesse sans être plus écouté; aussi le malheureux Célicour ne pouvoit supporter la déplaisance qu'il lui faisoit éprouver, et ne répondoit à ses longs et très-déplacés sermons, que par des accès de fureur, qui n'en corrigeoient pas davantage l'insipide et ennuyeux moraliste.

Aglaé qui aimoit de très-bonne foi Célicour, avec qui elle avoit été élevée, répandoit souvent des larmes dans le sein de sa mère, qui n'ayant point d'espoir que Célicour revint jamais à elle, faisoit tous ses efforts pour détruire un sentiment qui ne pouvoit que la rendre malheureuse. — Je l'aurois si tendrement aimé, disoit-elle à sa mère, hélas ! pourquoi faut-il qu'il ait changé, il me hait, il ne veut plus me voir. Elle auroit bien voulu que sa mère lui eût permis de l'accompagner à Célicour, mais cette mère prudente ne le vouloit pas.

Cependant un soir qu'elle étoit restée plus tard qu'à l'ordinaire chez Célicour, où elle étoit venue seule à pied, il crut ne pas devoir se dispenser de lui offrir son bras pour la reconduire, ce qu'elle accepta. Aglaé et sa gouvernante se promenoient dans l'avenue. Dès qu'elle aperçut Célicour, elle fit un cri et tomba dans les bras de celle qui l'accompagnoit. Célicour que son amour pour Athanaïse ne rendoit pas cruel, accourut à elle, et s'empressa de la secourir. Ses soins et ceux de sa mère la rendirent à la vie ; le son de la voix de celui qu'elle aimoit, fit plus d'effet que tous les secours qu'on lui prodiguoit. — C'est vous, dit-elle, qu'enfin je revois, vous qui m'avez abandonnée, pour qui je suis devenue un objet de haine ! — Pouvez-vous le croire, ma chère Aglaé, vous connoissez tous mes malheurs, et mon crime, car j'avoue que c'en est un d'avoir manqué à ma promesse ; mais il fut involontaire, et le ciel m'en a puni, en me privant de l'objet qui m'a rendu coupable. J'ai dû m'interdire la douceur de vous revoir, n'ayant plus à vous offrir qu'une amitié bien sincère, il est vrai, mais qui ne peut répondre au sentiment que vous avez daigné me conserver. — Ah ! que je vous voie, mon ami, et je serai moins malheureuse, et ne me refusez pas la consolation d'essuyer vos larmes. Ma mère ne m'a point laissé ignorer combien celle qui vous les fait répandre en est digne; nous pleurerons ensemble, au moins je vous verrai, je respirerai le même air que vous. Célicour fut extrêmement touché des témoignages d'un amour si tendre, et quoiqu'il lui fût impossible d'y répondre, il promit à cette aimable enfant de ne plus la fuir, et que, dès que madame de Clerville lui permettoit de venir chez elle, il partageroit ses tristes jours entre elle et sa solitude, que la présence continuelle du baron lui rendoit quelquefois insupportable.

Il y avoit quelques jours que Célicour étoit à Clerville, où la douce sensibilité de la mère et de la fille allégeoit le poids habituel de sa douleur, lorsqu'on vit arriver une berline en poste. Le cœur lui battit, il crut que c'étoit son amie, et malgré le peu d'apparence qu'Athanaïse vînt se réunir à lui, surtout chez madame de Clerville, il l'espéra un instant, et vola à la portière du carosse, d'où il fut bien étonné de voir descendre madame de Clercé et sa tante. La vue d'un serpent eût été pour lui moins cruelle, il recula avec effroi, et sans paroître apercevoir le mouvement que fit la marquise pour se précipiter dans ses bras, il rentra dans le vestibule, et le traversa avec une telle promptitude, qu'il étoit dans la route du parc conduisant à Célicour, avant que ces dames fussent entrées dans le château. — Je viens vous voir, ma chère marquise, dit madame de Grandprez en entrant. J'ai eu tant de plaisir à vous retrouver, que j'ai pensé que vous n'en auriez pas peu à me voir. — Vous n'en pouvez douter, répondit madame de Clerville en l'embrassant. — Permettez que je vous présente ma nièce, madame de Clercé, la fille de ma sœur d'Hermance, qui étoit comme moi la compagne de votre jeunesse. — J'espère, reprit la Clercé, que vous voudrez bien avoir pour moi l'amitié que vous aviez pour ma mère, j'emploierai tous mes soins à la mériter.

Madame de Clerville qui étoit instruite par Célicour de toutes les intrigues de la marquise, et qui savoit d'ailleurs, combien sa réputation étoit équivoque, n'étoit pas flattée de la voir venir chez elle à cause de sa fille, et comme la franchise étoit sa première vertu, elle ne put se contraindre au point de lui faire un accueil très-amical. Mais la Clercé n'eut pas l'air de s'en apercevoir, ce n'étoit pas elle qu'elle venoit chercher, et ne pouvant dissimuler plus long-temps l'objet de son voyage, elle dit : — Mais, où est donc M. de Célicour, il me sembloit l'avoir aperçu ? — Je crois qu'il est reparti, répondit Aglaé. — Repartir au moment où nous arrivons, c'est extrêmement poli! — Il est si malheureux, dit madame de Clerville, qu'il fuit toute société. — Comment, il y pense encore? — Oui, madame, et je crois qu'il y pensera toujours. — Mais c'est inconcevable, comment peut-on, pour une personne..... Madame de Clerville qui désiroit avoir une explication avec madame de Clercé et sa tante sur Athanaïse, et vouloit en même temps que sa fille n'en fût pas témoin, lui fit signe de se retirer. Aglaé obéit d'autant plus volontiers, que l'arrivée de ces dames lui avoit fait infiniment de chagrin, pensant bien que ce n'étoit qu'à cause d'elles, que Célicour s'étoit retiré si vîte. Dès qu'elle fut sortie, sa mère reprit : — Cette personne, madame vous est peu connue, plus intéressé qu'un autre à la juger, je ne puis qu lui rendre la justice qu'elle mérite, je ne crois pas qu'il y ait de femme plus intéressante. — Et plus vertueuse, reprit avec un rire moqueur la Clercé, ah! je ne savois pas que ce fût une preuve de vertu, que d'être la maîtresse déclarée d'un homme. — Elle n'étoit point la maîtresse, mais bien la femme du lord Walmore. Un mariage secret. — Ah! dit madame de Grandprez, c'est elle qui le dit? — Et c'est pour cela que je le crois, parce que le langage de la vérité ne peut se contrefaire, et je ne vous cache point que je me reproche comme un crime, d'avoir troublé une union qui auroit fait le bonheur de Célicour. — J'avoue que vous me surprenez à l'excès, elle n'est peut-être pas un enfant trouvé? — Est-ce un tort qu'on puisse lui reprocher, c'est celui de ses parens, ou de leur profonde misère; mais il a sem que le ciel n'en a pas moins veillé sur une de ses plus intéressantes créatures, et qu'il a disposé tellement les évènemens autour d'elle, que son éducation n'en a pas moins été soignée, et vous conviendrez avec moi qu'il n'est pas de femme qui en ait reçu une plus parfaite, et qui en ait mieux profité. — J'en conviens, dit madame de Grandprez, pour tout ce qui est agréable, car du reste elle n'a point de principes de religion. — De la vôtre, ma chère amie. — De la mienne, mais il n'y en a qu'une. — N'entrons pas je vous prie dans cette discussion, une fois pour toutes, mesdames, je vous prie de ne pas parler de madame de Walmore, surtout devant ma fille, qui ignore les détails de ce malheureux événement ; la pureté de son âme n'a pas encore été ternie par la plus légère *** du vice, et quoique je sois certaine

que

que l'amie de Célicour soit parfaitement innocente de tout ce dont on l'accuse, je ne veux pas que ma fille puisse en avoir soupçon. — C'est fort bien fait, dit madame de Grandprez. — Et nous n'en parlerons point devant elle, ajouta madame de Clercé; mais vous nous permettrez, entre nous, de discuter ces preuves si claires, que vous dites avoir, de la vertu de votre héroïne; il faut qu'elles le soient infiniment, pour détruire celles de la lettre. — Je ne discute point, madame, je ne cherche point à approfondir la vérité, lorsqu'il ne m'importe pas de la savoir; et qu'elle nuit à la réputation de quelqu'un que j'ai les plus grandes raisons d'estimer; ainsi, je vous prie, n'en parlons plus. Que dit-on de nouveau à Paris? — Rien, peu de chose; des tracasseries de cour qui sont assez indifférentes à des anecdotes scandaleuses de la capitale, dont on égaye les gens de cour, qui souvent y figurent incognito; enfin tout ce que vous avez déjà entendu, et qui seulement change de nom, car la société est la même dans tous les temps. La satire n'ayant plus d'objet direct, la conversation languit, et madame de Clercé seroit restée peu de temps dans cette insipide maison, si elle n'avoit pas eu de grands projets, et voulant à toute force les mettre à exécution, elle demanda le lendemain au déjeûné à madame de Clerville, si on ne verroit pas Célicour? — Je crains bien que non. — Mais, il faut l'aller voir. — C'est une plaisanterie..... vous n'en avez sûrement pas le projet, que diroit-on, si une jeune et belle veuve alloit voir un jeune homme exilé dans ses terres! — Mais j'entends qu'il faut que nous y allions toutes les quatre. — Ma fille n'y va jamais. — On dit que Célicour est un lieu superbe ? — Vous êtes bien la maîtresse d'y aller, mais je ne me charge pas de vous y conduire, parce que je sais que M. de Célicour ne veut voir personne. — Eh bien ! ma tante, nous irons ensemble, je suis bien curieuse de voir s'il s'enfuira en nous apercevant ? — Cela pourra bien être.

Dès l'après-dînée, madame de Grandprez demanda les chevaux de madame de Clerville, et partit avec sa nièce pour Célicour ; mais il fut convenu qu'elles ne paroîtroient pas être parties dans le dessein de faire cette singulière visite ; mais seulement une promenade. Les dames dirent donc qu'elles désiroient se promener du côté de Célicour, dont le maître, qui se trouvoit encore trop près de celle qui avoit fait le malheur de sa vie, étoit parti dès le matin avec ses deux gardes pour Navarre, où M. de

Bouillon n'étoit pas pour lors. La dévote et sa nièce mirent pied à terre dans le bois qui environne cette magnifique habitation. La Clercé y cherchoit des yeux l'objet de sa coupable flamme, et hâtant le pas méthodique de sa chère tante, elles arrivèrent dans les avenues. On traverse les cours ; rien n'annonçoit la présence du maître. Seroit-il parti ?.... on rencontre le baron d'Orvigny, qui se rendoit à Clerville. — J'ai appris, mesdames, par Célicour, que vous étiez dans ce pays, je partois pour aller vous faire ma cour, je ne me flattois pas que vous me préviendriez. — Ce n'étoit point notre intention, reprit madame de Grandprez, ma nièce m'avoit proposé de nous promener, nous avons aperçu ces avenues, nous les avons suivies sans savoir qu'elles conduisoient au château de Célicour. Le marquis y est-il ? — Non, madame, il est parti ce matin pour Navarre ; mais vous n'y perdez pas beaucoup, car il est devenu si insupportable.... Je reste avec lui par pure complaisance ; vous n'avez pas d'idée de son humeur. Ma foi si cela dure, je l'abandonnerai à lui-même : et quand on pense pour quel objet il se conduit ainsi...... Et voilà nos trois charitables personnages à peindre de couleurs broyées par l'envie, les deux êtres les plus dignes de l'amour des mortels. Madame de Clerville ne fut point oubliée, on la traita de femme sans caractère, et presque sans principes, dès qu'elle osoit prendre la défense d'une fille sans état et sans nom. Quand on eut épuisé ce sujet, qui selon eux étoit inépuisable, le baron proposa à ces dames de se promener dans les jardins, qui, si l'on en excepte ceux de Navarre, étoient les plus beaux de la province : ils remontèrent en voiture et revinrent au château. Le baron causa long-temps avec madame de Clerville, et ils ne s'accordèrent pas davantage qu'ils n'avoient coutume de le faire, l'un voulant tout attendre du temps et de la patience, l'autre soutenant que l'indulgence envers Célicour, attisoit en lui une passion qui se seroit éteinte par l'absence, si on ne l'avoit fortifiée sans cesse, en louant celle qui l'inspiroit. Le souper fut triste, chacun s'occupoit de ses projets ou de ses sentimens ; madame de Grandprez étoit la seule qui, ne se doutant pas qu'elle étoit l'instrument dont la Clercé se servoit pour arriver à son but, n'étoit que passive. Dans cette société où chacun avoit ses projets, madame de Grandprez avoit rempli celui qu'elle avoit eu de se venger pour avoir été trompée sur l'état d'Athanaïse, et elle lui avoit écrit ; mais elle étoit incapable d'y mettre plus de suite. Croyant avoir satisfait à un devoir important, et bien mérité du ciel, en rompant le mariage de Célicour, elle n'eut rien fait de plus, car elle n'étoit naturellement pas méchante, et n'étoit entraînée que par les mauvais conseils qu'on lui donnoit, et qu'on lui faisoit goûter, toutes les fois que l'on avoit l'adresse de flatter son orgueil, ou d'intéresser la religion. Mais il n'en étoit pas de même de sa nièce, il ne lui suffisoit pas d'avoir séparé Athanaïse de son amant, elle vouloit se faire aimer de Célicour, et les hommages d'un ministre utile à sa fortune et à son ambition, ne satisfaisoient pas son cœur, qui malgré les écarts de son imagination, lui laissoit le vide fatigant qu'éprouvent toutes les femmes qui ne consultent que l'intérêt dans leurs liaisons, aussitôt détruites que formées. C'étoit donc de bonne foi, qu'elle vouloit s'attacher au marquis; elle avoit même le projet de l'épouser, et de se servir du crédit du ministre pour lui faire faire un chemin brillant; elle espéroit que, renonçant à toute intrigue, elle rétabliroit peu à peu sa réputation; mais elle ne savoit pas que :

L'honneur est comme une île escarpée et sans bords,
On n'y peut plus rentrer quand on en est dehors.

C'étoit donc en vain qu'elle formoit ces projets, et quand même Célicour n'eût pas adoré Athanaïse, jamais il n'auroit consenti à donner son nom à une femme qui avoit déshonoré celui de son premier époux. Cependant la Clercé s'en flattoit; mais ce qui lui paroissoit bien difficile, étoit de trouver l'occasion de voir Célicour tête à tête, et de lui exprimer ses sentimens. Elle ne pouvoit douter qu'il n'étoit parti de chez lui que pour la fuir, et que sûrement il n'y reviendroit pas tant qu'il la sauroit à Clerville.

Elle résolut de l'aller trouver à Navarre; mais elle ne vouloit pas avoir sa tante en tiers. Il n'y avoit d'autre moyen que d'y aller à cheval; mais où s'en procurer un? Elle n'en avoit pas amené de Paris, et elle n'osoit demander les chevaux que Célicour avoit laissé chez lui, et madame de Clerville n'en avoit que pour son carrosse. Cependant, liée avec le tuteur, il étoit possible qu'il lui en fît prêter, sous prétexte que cet exercice étoit absolument utile à sa santé. Elle feignit donc d'être très-souffrante pour qu'on lui en demandât la cause. — Je suis bien fâchée, dit-elle, de n'avoir pas amené mes chevaux. — Les miens sont à votre service, dit madame de Clerville. — Mille remercimens, madame, c'est mon cheval de selle que j'ai eu tort de n'avoir pas fait venir, il faut que j'écrive pour que mon cocher me l'amène ici. — C'est inutile, dit le Baron, mon neveu a laissé les siens, vous pouvez les monter, ils sont bien dressés, et son piqueur vous accompagnera ; car depuis ma dernière maladie, je ne puis plus monter à cheval.—Vous croyez donc, mon cher baron, que M. de Célicour ne le trouvera pas mauvais? — Je suis sûr qu'il seroit le premier à vous les offrir. Madame de Clercé n'en étoit pas bien persuadée ; mais elle n'en fut pas moins enchantée d'avoir aussi bien réussi, et pria le baron de donner ordre qu'on lui en amenât un le lendemain matin.

Aussitôt après le déjeuné, elle monta à cheval ; elle s'étoit habillée en homme, et il faut convenir qu'il étoit impossible d'être plus jolie et d'avoir plus de grâces. Le piqueur la prévint que le cheval qu'il lui avoit amené, quoiqu'il fût le plus doux de ceux de son maître, étoit encore difficile. — J'en ai monté que des écuyers redoutoient. — J'en suis persuadé, madame la marquise, mais j'ai cru devoir vous en avertir. A peine étoit elle dessus, que le cheval accoutumé à la main de son maître, et se sentant un poids infiniment plus léger que celui qu'il avoit coutume de porter, fit des sauts de mouton répétés qui ne dérangèrent, pas notre amazone, et malgré sa délicatesse apparente, elle avoit la main si juste et étoit tellement d'à plomb, qu'elle le calma bientôt, et l'enleva au grand galop; quand elle eut ainsi ralenti sa première fougue, elle lui fit prendre une allure plus modérée. Le piqueur étonné, lui dit : monsieur qui est un homme de cheval, n'en auroit pas fait davantage, j'avoue que je tremblois en vous le voyant monter; je puis dire qu'il n'y a que vous et son maître qui puissiez le réduire. Cet éloge la flatta infiniment; car elle avoit la prétention de réussir dans tout ce qu'elle entreprenoit, et il n'étoit aucun exercice où elle ne surpassât son sexe, et même où elle n'égalât l'autre. Tant de grâces, d'esprit, de talens, de grands biens, une rare beauté, au plus vingt-quatre ans, que ne devoit-elle pas espérer ? cependant elle avoit déjà rempli sa carrière, encore quelques instans et ce songe s'évanouira. Dieux, quel sera son réveil !

Lorsqu'elle eut parcouru quelques milles, elle dit à l'homme qui l'accompagnoit, c'est à Navarre que nous allons; je crois que nous n'en sommes pas loin.
— Il y a encore deux lieues, mais du train dont va madame la marquise; nous les aurons bientôt faites, dans

trente minutes nous y serons. Le cœur battoit à l'amoureuse marquise. Enfin, elle découvrit le château de M. de Bouillon, mais pensant tout-à-coup qu'elle ne sauroit où trouver Célicour, elle s'arrêta et demanda au piqueur où étoit son maître. — Je m'imagine qu'il sera descendu chez l'inspecteur des gardes où il loge ordinairement, lorsqu'il va chasser dans les forêts. Il a eu permission du prince, d'autant que son altesse n'est pas présentement à Navarre. — Et vous savez où est sa maison? — C'est ce petit pavillon couvert d'ardoises qui est au bout de cette route. — Eh bien ! mon cher, lui dit-elle en lui mettant une bourse dans la main, rendez-moi un service, allez en avant, je resterai ici avec Larose, (c'étoit le nom de son valet-de-chambre de confiance qui l'avoit suivie,) et dites au marquis, qu'un jeune homme de ses parens est venu pour le voir à Célicour, qu'ayant appris qu'il est à Navarre, il s'y est rendu et qu'il demande s'il veut bien le recevoir : surtout ne me nommez pas, si vous faites bien votre commission, comptez sur ma reconnoissance. Le piqueur qui n'avoit pas lieu d'en douter d'après ce qu'il avoit déjà reçu, partit comme un trait. Alors la marquise prenant le manteau de son valet, et rabattant son chapeau sur ses yeux, suivit la route au petit pas.

Célicour, que l'image d'Athanaïse poursuivoit sans cesse, et qui portoit en tous lieux sa profonde douleur, n'avoit trouvé dans le séjour enchanté de Navarre, d'autre bonheur que de s'éloigner d'une femme dont le nom seul le faisoit frémir. L'inspecteur dont nous avons parlé plus haut, lui étoit sincèrement attaché ; il l'avoit vu naître, et c'étoit le comte de Célicour qui l'avoit placé chez M. de Bouillon. Ainsi, devant sa fortune au père, il se trouvoit trop heureux de procurer au fils quelques amusemens, et quand celui-ci venoit chez lui, il le menoit toujours dans les meilleurs cantons : tous les équipages étoient à ses ordres. Mais il fut désolé en le voyant si triste, il n'osoit lui en demander la cause. — C'est, disoit-il à sa femme, tout comme son père, je ne sais ce qu'ils ont dans cette famille, ils devroient cependant être heureux de tout le bien qu'ils font. Mais ce qui l'étonnoit le plus, c'étoient les deux cavaliers de maréchaussée qui le suivoient partout. Célicour remarquant sa surprise : — Tu me vois, mon cher Duval, dit-il, en compagnie nombreuse, c'est une précaution que l'on a prise assez inutilement : on ne veut point que je quitte ces cantons, on a pensé que ces messieurs m'en empêcheroient ; j'avoue de bonne foi cependant, que si des ordres bien plus sacrés pour moi que ceux dont ils sont responsables, ne m'y enchaînoient pas, ce ne seroient pas eux qui m'y feroient rester. — Viendront-ils à la chasse avec vous ? — N'en doutez pas, ils ne peuvent pas plus me quitter que mon ombre. — Eh bien ! répondit l'inspecteur, nous les ferons courir. Aussi dès le lever de l'aurore, on étoit sur pied. Célicour se prêtoit à cet exercice, plus pour faire plaisir au bon Duval, que pour son propre compte, il étoit trop profondément occupé, pour se livrer volontairement à la plus légère distraction.

Cependant le jour que madame de Clercé arriva à Navarre, on avoit chassé le chevreuil, et comme il faisoit chaud, Célicour en arrivant, s'étoit mis sur son lit, où il prenoit quelque repos. Clermont qui ne quittoit jamais son maître, vit venir le piqueur à toute bride, et lui cria de loin : — Qu'est-il donc arrivé, que tu viens si vîte ? — Rien, c'est un parent de monsieur, qui demande à le voir. — Qu'il vienne, monsieur dort, il a chassé toute la matinée, quand il sera éveillé il lui parlera. Le piqueur vient rendre la réponse, et madame de Clercé, craignant que Clermont ne reconnût Larose, qu'il avoit vu à Surville, lui dit de rester, et mettant pied à terre, elle s'enveloppa dans son manteau, enfonçant son chapeau le plus qu'il lui étoit possible. Cependant, malgré ces précautions, Clermont l'auroit reconnue, si au moment où elle alloit entrer chez Duval, Célicour qui venoit de s'éveiller, ne l'eût appelé ; ce fut donc le piqueur qui l'introduisit dans sa chambre. Célicour pensant que c'étoit un des fils de madame d'Asterville dont la terre étoit voisine de la sienne, dit, en continuant de s'habiller. — Est-ce toi, chevalier ? — Oui, c'est moi, dit la Clercé, en jetant son manteau. Les deux valets se retirèrent. — Ah ! c'est vous, madame ! — Oui, moi, cruel, que vous fuyez en vain. Il n'est plus temps de dissimuler. Et que pourrois-je vous dire d'après l'a démarche que je fais, démarche à laquelle vous m'avez contrainte en vous dérobant à ma vue, aussitôt mon arrivée à Clerville. J'avois espéré que là, je pourrois vous entretenir de mes sentimens sans exposer ma réputation.... Mais vous m'avez fuie, vous me haïssez, et votre haine est un supplice que je ne peux supporter : j'ai tout bravé pour venir vous demander de m'entendre ; mais vous détournez vos regards, je ne suis pour vous qu'un objet d'horreur. Que je suis malheureuse! Elle crut à ce moment qu'un évanouissement pourroit avoir un grand effet ; mais elle eut beau tomber dans un fauteuil qui se trouvoit près d'elle, il n'eut pas l'air de s'en appercevoir, et gardant toujours le silence, il s'assit, et prit un livre qui étoit sur sa cheminée. — Barbare, lui dit-elle, en se levant avec l'action du désespoir, quoi! n'aurai-je pas un mot de toi; quoi, tu dédaignes l'offre d'un cœur qui n'a jamais aimé que toi, tu ne sais pas à quel degré je t'adore! Ordonne, dispose de moi. Est-ce la légèreté apparente de ma conduite qui t'éloigne de moi? Je te jure que je resterai dans tes terres, que je n'y verrai que toi, et qu'heureuse de porter ton nom, et de t'offrir une grande fortune et un avancement certain, je jouirai de ton bon-

heur, et n'aurai d'autre plaisir q
celui de te voir. Mais tu ne me r
ponds rien, tu détournes les yeu
Célicour referma le livre qu'il tenoi
et mettant ses deux mains sur s
front, il s'écria Athanaïse, Athanaïs
— Quoi ! ne puis-je donc te voir qu'o
cupé d'une odieuse rivale. — Arrêtez
lui dit alors, Célicour, avec l'acce
d'une fureur concentrée : ne profane
pas l'objet de tout mon respect et d
l'amour le plus tendre, en mettant en
tre elle et vous l'apparence de la rivalit
Non, non, elle n'a point de rivale
et vous seriez la dernière des femme
qu'elle pourroit redouter. — Quoi
monsieur, vous pouvez porter à c
point, l'insulte et le mépris ? — N
vous en prenez qu'à vous, madame, s
vous me forcez de manquer aux égard
que l'on doit à un sexe qui les mérite,
quand il ne franchit pas les bornes qu

lui impose la pudeur, et jugez-vous; mais comme je me respecte plus que vous ne vous respectez vous-même, et que je sens au mouvement terrible que votre vue me fait éprouver, que je ne serai peut-être pas le maître de me contraindre; je vous demande, pour moi, pour ceux qui ont le malheur de vous appartenir, d'éviter une scène scandaleuse, en prolongeant ici votre séjour.... Partez, il en est encore temps, ou je ne réponds pas d'un éclat qui vous perdroit encore plus que vous ne l'êtes. — Non, je ne partirai pas. — Célicour, sans l'entendre, avoit déja sonné. Clermont arrive. — Dites qu'on selle le cheval de monsieur, il est important qu'il ne perde pas un instant. — Son cheval, monsieur, est venu à pied. — Eh! bien, monsieur montera le cheval de Gervais, et lui, prendra le vôtre. Allez, ne perdez pas de temps, les instans sont chers. Clermont sortit, et Célicour ne voulant rien entendre de plus, entra dans un cabinet qui donnoit dans sa chambre, et en ferma la porte sur lui à double tour. La Clercé anéantie de tout ce qu'elle avoit vu et entendu, ne put trouver dans son génie pour l'intrigue, la moindre ressource, et frappée comme d'un coup de foudre, elle restoit immobile, sans oser adresser un seul mot à celui qui la traitoit si indignement. Ce fut alors qu'elle vit toute l'étendue de son malheur; et sa conduite passée se présenta à elle dans toute son horreur. — Ah! ciel, se disoit-elle en elle-même, que n'ai-je toujours été vertueuse? Je n'éprouverois pas ce dernier degré d'humiliation! ô frivoles avantages que j'ai reçus de la nature, à quoi m'avez-vous servi? que je suis malheureuse! et des sanglots entrecoupés s'échappoient de sa poitrine. Enfin, on vint l'avertir que les chevaux étoient prêts : elle remit son manteau, et descendit les degrés dans le plus profond silence. Gervais qui savoit où il avoit laissé le cheval qui l'avoit amenée, l'avoit été chercher, elle monta dessus aussitôt, et reprit la route où son valet de chambre l'attendoit. Il fut étonné de voir sa maîtresse, si promptement de retour, et plus encore, de la trouver si abattue. — Est-ce que, madame se seroit trouvée mal ? Elle ne lui répondit rien, et il n'osa lui en dire davantage; elle laissoit aller son cheval au pas, espérant que Célicour réfléchiroit sur la dureté de sa conduite envers elle. Il avoit fallu qu'il fît un effort violent sur lui-même, pour ne pas la traiter encore plus durement. C'étoit elle qu'il accusoit de son malheur, et plus Athanaïse lui étoit chère, plus celle-ci lui étoit odieuse.

On étoit aux plus longs jours, et le soleil lorsque madame de Clercé eut quitté la forêt, étoit d'une chaleur insupportable, cependant elle avoit gardé son manteau ; il sembloit qu'elle ne pouvoit assez se dérober aux yeux de tous ceux qu'elle rencontroit, et cette femme qui étoit naguère, si vaine de ses charmes, accablée maintenant du mépris de Célicour, auroit voulu se cacher à l'univers entier. Elle ne put enfin résister au poids de ce vêtement, et voulant s'en débarrasser, pour le rendre à Larose, elle fit un un mouvement qui effraya son cheval, dont à peine elle s'occupoit, tant elle étoit troublée : l'animal qui n'étoit plus contenu, fait un écart, se cabre, renverse la malheureuse Clercé dans un fossé, et y roule avec elle ; sa tête porte sur
une

une roche, et le poids du cheval sur sa poitrine ; les deux hommes qui la suivoient mettent pied à terre, et volent à son secours. Ils la trouvent baignée dans son sang, et sans le moindre mouvement. Elle avoit la mâchoire brisée, et vomissoit le sang à gros bouillons ; Gervais qui avoit une flamme dans sa poche, la saigna sur-le-champ, ce qui lui rendit la connoissance et arrêta l'hémorragie. Larose courut au village prochain, pour chercher un chirurgien : il visita ses plaies, et n'en trouva pas une mortelle ; mais madame de Clercé avoit toutes les dents cassées, et les os de la mâchoire tellement fracassés, qu'on jugea dès l'instant qu'elle seroit pour toujours défigurée ; ce qui parut le plus dangereux, c'étoit la pression de la poitrine, par le poids du cheval, le chirurgien étoit même persuadé qu'il y avoit un vaisseau de cassé ; le vomissement de sang revenant de moment en moment, il réitéra la saignée, et en fit même une troisième, avant d'essayer à la transporter. Gervais alla chercher un brancard et un matelas, on la posa dessus, et on l'emporta, sans qu'elle eût proféré une parole, non qu'elle n'eût entièrement sa connoissance, mais parce qu'elle étoit si profondément affligée de la perte de sa beauté, qu'elle n'avoit pas le courage de l'exprimer. Arrivée chez le chirurgien, il la fit mettre dans un lit, tandis que Gervais partit pour Clerville, porter cette triste nouvelle.

Mesdames de Grandprez et de Clerville étoient restées seules ; après le déjeuné quelques propos vagues amenèrent la conversation sur madame de Bierville que madame de Clerville aimoit et estimoit, elle ne dissimula pas à son ancienne compagne de couvent qu'elle étoit étonnée qu'elle laissât végéter une femme aussi intéressante dans une petite ville de province, tandis qu'elle auroit tant de moyens de la rendre heureuse à Paris. — Vous ne la connoissez pas, reprit cette mère orgueilleuse : elle a des systêmes si opposés aux miens..... c'est une philosophe, elle donne dans la nouvelle morale, elle croit que Dieu ne s'embarrasse point de quelle manière on l'adore. Catholique, parce que, dit-elle, c'est la religion où elle a été élevée, elle n'en estime pas moins le calviniste, le luthérien, le juif, et je crois même le mahométan. Elle dit que Dieu ne punira pas l'erreur, et elle croit qu'il suffit de l'avoir honoré par des actions vertueuses pour mériter d'en être récompensé. — Mais je vous avoue, reprit madame de Clerville, que je penserois volontiers comme elle. — Comment pouvez-vous avoir de semblables idées, reprit l'intolérante dévote, et que vous a servi d'avoir lu *les Pères de l'église?* — C'est que je ne les lis pas. — Que lisez-vous donc ? — L'Évangile, où je trouve des leçons constantes d'une morale aussi douce que pure : j'y vois à toutes les pages, l'orgueil des docteurs confondu, l'hypocrisie dévoilée, le zèle amer réprimé, le culte extérieur sans les actions déclaré inutile, et en vain je cherche dans ce livre divin les traces des absurdités, des cruautés dont on accuse une religion si belle, si simple dans son auteur, qu'il a bien fallu que les hommes, pour la faire servir à leurs passions, la défigurassent entièrement. — Sophisme que tout cela : sans la crainte des châtimens, il n'y auroit que désordres dans ce monde. — Oui pour des âmes aviliés : amour et simplicité de cœur, voilà ce qui fait l'homme de bien ; le méchant peut être contraint par la terreur; mais si ses passions sont plus fortes que sa crainte, il n'y a pas d'excès auxquels il ne se porte, tandis que celui qui ne voit en Dieu qu'un père, redoute de l'offenser comme nous craignons d'affliger un ami. J'avoue que le système de la terreur qui pèse sur nous dès notre naissance, nous rend peu propres à être gouvernés par les principes : il semble que l'on ne croit l'homme susceptible que d'être effrayé. Dans l'enfance, des châtimens ; dans l'âge viril, des échafauds : qui ne voit, s'il est de bonne foi, que la férule du régent a nécessité les gibets ! — Ah ! bon Dieu, comment pouvez-vous croire qu'une correction nécessaire pour fixer l'humeur volage des enfans ait quelques rapports.... — Oui, je le crois, madame, et je vous le prouverai quand vous le voudrez. — Oh! bien, monsieur mon petit fils, ne portera pas sa tête sur le billot, car Dieu merci, sa mère ne l'a pas puni depuis qu'il existe ; aussi c'est un enfant insupportable; il fait un bruit dans une maison, il monte partout, il dérange tout, c'est encore une chose qui m'a forcée à ne pouvoir garder ma fille chez moi.... J'avois beau lui représenter qu'elle gâtoit son fils, qu'il falloit le faire craindre, elle me répondoit comme vous : je ne veux que m'en faire aimer. —Et elle avoit raison. Madame, j'ai élevé ma fille par ce principe, et j'ai tout lieu de m'en applaudir. — Cela peut réussir pour les jeunes filles, mais les hommes ont un caractère si violent! — Raison de plus pour n'employer avec eux que la douceur : plus un arc a de force, plus il faut de tems, de patience et d'adresse pour le ployer, ou bien il rompt dans les mains de ceux qui s'en servent. Et s'il est quelques génies privilégiés, que les moyens qu'on emploie dans l'éducation ne révoltent et n'abrutissent, c'est un, sur mille, et qui peut se flatter que son fils sera celui-là ? Laissez, laissez madame de Surville rendre son fils heureux dans son enfance, il l'en récompensera dans sa vieillesse. — Ah ! c'est ce que je fais, je ne m'en mêle pas, pourvu qu'il ne soit pas sous mes yeux, cela m'est bien égal. — Mais, j'ai entendu dire qu'elle n'est pas à son aise. — C'est sa faute ; elle a voulu payer les dettes de son mari. — Elle n'a fait que ce que l'honneur exigeoit.—L'honneur ! l'honneur ! c'est bientôt dit, on ne doit que ce à quoi l'on s'est engagé ; elle n'avoit rien signé. — Ainsi vous auriez approuvé qu'elle laissât flétrir la mémoire de son mari, parce que ses créanciers avoient eu assez de confiance en lui pour ne pas exiger que sa femme répondît de leur créance, et que pour laisser à son fils quelqu'argent de plus, elle l'eût contraint à rougir, toutes les fois qu'on auroit parlé de son père. Ah! ma chère amie, quelle morale.... Non, vous ne le pensez pas, et vous vous conduiriez comme elle. —Je vous assure que non, et si M. de Grandprez faisoit de mauvaises affaires, je me séparerois aussitôt. — Eh bien, vous vous couvririez de honte aux yeux des honnêtes gens. Vous ne serez pas dans cette position, la fortune de votre mari est trop bien assurée; mais plus vous êtes dans l'aisance et moins je vous comprends. — Chacun a sa manière de voir. — J'en conviens, et j'ai tort de vous parler de ce qui ne me regarde pas, mais mon amitié pour votre aimable fille, m'a arraché ce que je viens de vous dire, et je ne comprendrai jamais que vous lui préfériez votre nièce. — Ah ! je savois bien que vous n'aimez pas ma pauvre petite Clercé, qui est bien la femme la plus intéressante : c'est celle-là qui a de l'ordre dans ses affaires ; ah ! elle ne se trouvera jamais dans la situation de sa cousine. — Peut-être sera-t-elle pis, madame ; car le ciel est juste. — Quelle prévention ! Elle ne vient pas, j'en suis inquiète, s'il lui arrivoit le moindre accident, j'en serois inconsolable. Et on se sépara pour faire sa toilette, car la toilette des dévotes est au moins aussi longue que celle des femmes les plus élégantes.

Cependant l'heure de dîner approchoit, et madame de Clercé n'arrivoit pas. Madame de Grandprez ne pouvoit résister à ses alarmes. On se met à table et à peine venoit-on de servir l'entremêt, qu'on voit accourir Gervais à toute bride ;

il entre les cheveux en désordre, et l'habit couvert de sang. —Ah ! ciel, qu'est-il donc arrivé à ma chère nièce ? — Elle a fait une chute terrible. Madame de Grandprez n'en put entendre davantage, et elle s'évanouit. On lui donne des secours, tandis que Gervais raconte à madame de Clerville tout ce qui étoit arrivé, excepté que c'étoit en revenant de Navarre. Enfin madame de Grandprez reprend ses sens, on l'assure que sa chère nièce non-seulement n'est pas morte, mais qu'elle n'est pas même dangereusement blessée. Madame de Clerville avoit fait mettre les chevaux, elles partent avec le baron pour se rendre au village où étoit la malheureuse Clercé, en proie aux douleurs les plus vives et aux remords plus déchirans encore. Madame de Grandprez manqua s'évanouir de nouveau, quand elle trouva cette malheureuse femme couchée sur un mauvais lit, la tête couverte de lambeaux ensanglantés, les yeux éteints, et articulant avec peine, tant par l'oppression de sa poitrine que par les bandages qui lui contenoient la mâchoire. Pouvoit-elle reconnoître sous cette forme hideuse, la belle madame de Clercé! Dès qu'elle apperçut sa tante, un ruisseau de larmes coula de ses yeux. — Je suis perdue, dit-elle, il faut que je meure, ils ont beau dire, je sens bien que je suis blessée à mort. Et d'ailleurs si je vis, je serai défigurée. Sa tante se précipita sur elle, et ne trouvoit pas une expression pour lui peindre sa douleur. Le chirurgien qui craignoit qu'une impression très-vive ne renouvelât le vomissement de sang, l'engagea à modérer ses transports; il fut un des premiers à demander des secours, n'osant lever l'appareil. On envoya sur-le-champ à Paris, et les heures qui s'écoulèrent jusqu'à celle où les chirurgiens arrivèrent, parurent un siècle à madame de Grandprez. Pour madame de Clerville, après avoir témoigné à la marquise, la part qu'elle prenoit à son terrible accident, et pourvu à ce que son ancienne compagne de couvent eût ce qui lui étoit nécessaire pour rester dans ce triste gîte, (d'où il n'étoit pas probable que l'on put de sitôt transporter madame de Clercé), elle retourna joindre sa fille, le baron resta avec la malade à qui la présence de madame de Clerville, ne pouvoit être utile et sembloit même aigrir ses souffrances: la vue d'un être vertueux, est un supplice pour celui à qui elle est un reproche.

Madame de Clerville trouva en arrivant une lettre de Célicour, où il lui faisoit ses excuses d'avoir quitté Clerville sans la remercier des marques touchantes de bonté qu'il en avoit reçues; mais il espéroit qu'elle lui pardonneroit; la cause de sa fuite n'ayant pu lui échapper. Tant que cette femme, ajoutoit-il, sera chez vous, il me sera impossible de revenir même à Célicour : il me semble qu'elle empoisonne l'air que je respire ; dès qu'elle sera partie, je reviendrai près de l'indulgente amie dont la société, ainsi que celle de son aimable fille, peut seule adoucir le chagrin qui me tue. » Quand Célicour avoit écrit cette lettre, il n'avoit pas encore vu madame de Clercé, et étoit loin d'imaginer qu'elle porteroit l'audace au point de venir le trouver à Navarre. Bientôt il fut instruit de la catastrophe dont son impudence avoit été punie; il la plaignit, et bien sûr qu'elle ne l'importuneroit de long temps, il revint chez lui, où il attendit inutilement des nouvelles de celle qu'il adroit. Il écrivoit dans toute la France à ceux qu'il pouvoit connoître, et supportoit avec un dépit extrême, l'exil où il étoit condamné, persuadé que s'il étoit libre, il la retrouveroit.

Les chirurgiens décidèrent que madame de Clercé pouvoit revenir à Paris, mais que sa cure seroit longue et difficile, et que jamais elle ne recouvriroit cette beauté si célèbre qui l'avoit perdue. On la plaça sur une litière avec sa tante, et l'intrépide baron vint recommencer à son cher neveu ses ennuyeux sermons.

Mistriss Belton avoit été forcée de rejoindre son époux, dont la santé toujours chancelante ne lui permettoit pas de prolonger son séjour à Saint-Éloi ; mais Athanaïse, plus attachée de jour en jour à madame de Lesseville, à qui elle avoit appris le sujet de sa profonde douleur, sans lui nommer Célicour, sentit moins vivement le chagrin de cette séparation ; elle continuoit cependant à écrire fort exactement à son amie. Quand par un effort sublime on s'arrache à l'objet de ses affections, il semble que tout ce qui y a quelque rapport en devienne plus cher; mais le sort qui ne se lassoit point de persécuter la tendre Athanaïse, lui fit encore éprouver la crainte de perdre celle dont les conseils lui étoient si précieux ; madame de Lesseville, tomba dangereusement malade, et c'est à ce moment qu'Athanaïse écrivit à mistriss une lettre datée de Saint-Éloi, le 20 octobre 1743.

« J'ai été si accablée, mon amie, de la maladie de madame de Lesseville, qu'il m'a été impossible de vous écrire; jamais je n'ai vu souffrir avec tant de constance et un aussi parfait détachement de tout ce qui est dans le monde. Cependant, depuis deux jours je la croyois moins mal, j'avois passé auprès d'elle la nuit, qui avoit été assez tranquille; elle m'appella et me dit : J'ai supporté jusqu'à ce jour le fardeau de la vie; mais depuis plus d'un an que j'ai perdu l'objet de mes espérances, je sens qu'elle va m'être enlevée. Mon état est désespéré, je n'ai plus rien à dissimuler; je vous remets ce recueil, dont les tristes aventures pourront vous faire connoître jusqu'où s'étend le malheur sur l'espèce humaine, et que la soumission aux décrets de celui qui ordonne tout dans la nature, est la seule et véritable ressource qui nous soit laissée. J'ai passé les premières années de ma vie sans être persuadée de cette grande vérité ; ce n'est que depuis dix ans que j'éprouve par elle quelque consolation dans les malheurs qui ont poursuivi mon existence. Puissiez-vous, mon amie, vous fortifier dans la résolution que vous paroissez avoir prise de vous fixer ici..... Je reçus avec respect ce précieux dépôt, je vous prie, ajouta-t-elle, de le remettre après ma mort, à mon frère, le comte d'Ormont. — Dieux! vous êtes donc Amélie, dont il m'a si souvent entretenue? — Hélas! oui, me dit-elle, mille fois je voulois vous l'apprendre, mais j'avois fait vœu de ne jamais révéler ce secret qu'au moment de ma mort : je la vois s'approcher, je ne regrette que vous, et de n'avoir pas vu ce frère chéri...... mais..... devois-je croire, malgré tout ce que vous m'avez dit de sa tendresse, sans savoir combien j'y étois sensible, devois-je croire, dis-je, qu'il me pardonneroit les erreurs dont vous verrez la suite dans ce triste récit. N'en parlez pas même à madame de Saint-Antoine. Je veux que ma tombe ne porte pas ce nom qui m'a été si funeste, je veux que mes froides dépouilles soient à l'abri sous cette obscurité, qui eut été pour moi le bienfait le plus précieux de la nature. — Eh! comment, lui dis-je, pourrai-je remettre au comte d'Ormont, cet écrit déchirant pour son cœur? Vous savez que j'ai des raisons plus fortes que les vôtres, pour ne pas faire connoître mon asile, même à M. d'Ormont. Il est ami de celui que j'aime, de Célicour, dont je vous ai tant parlé sans avoir jamais prononcé son nom. — Hélas! vous verrez dans mon histoire, combien ce nom me doit causer de trouble.... Reprenant la parole, je lui dis: — Si vous voulez me le permettre, je ferai passer à mistriss Belton ce mémoire, qu'elle remettra au comte d'Ormont, à son retour d'Amérique ? — J'y consens d'autant plus volontiers, que sûrement je n'existerai plus, quand votre lettre arrivera à Londres. — Pourquoi, lui dis-je, en la serrant dans mes bras..... finir des jours qui feront le bonheur de votre frère..... La prieure entra dans ce moment, et je me retirai dans ma chambre pour lire cet écrit, dont j'étois dépositaire, avant de vous l'adresser. Je le joins à cette lettre. Hélas! que de maux n'a point éprouvés cette intéressante femme. J'espère cependant la retirer des portes du trépas ; elle m'intéressoit avant de savoir qu'elle fût sœur du comte, jugez ce qu'elle peut m'être à présent..... Le médecin donne quelqu'espérance, je me hâte de vous envoyer ce paquet, dans la crainte qu'elle ne révoque la permission qu'elle m'en a donnée. Vous pouvez bien penser, mon amie, qu'il me faudra chercher un autre asile, parce que sûrement, le comte d'Ormont viendra ici, ne fût-ce que pour pleurer sur la tombe de sa sœur : je ne veux pas le voir; je vous instruirai du lieu où je porterai mes douleurs ; mais en vous priant de ne jamais trahir mon secret. Adieu, ma chère mistriss, je retourne auprès du lit de notre malade..... Mon Dieu ! je voudrois bien la savoir hors de danger; assurez sir Belton de ma reconnoissance à cause des sentimens qu'il veut bien avoir pour la pauvre Athanaïse: j'embrasse vos enfans, etc. »

HISTOIRE

DE LA COMTESSE AMÉLIE D'ORMONT.

Je suis née en juillet 1708, les premières années de mon enfance furent les seules de mon bonheur; ma mère qui m'aimoit tendrement, me consoloit de la froideur que mon père me marquoit. Mon frère, qui a dix-sept ans de plus que moi, me faisoit mille caresses, et je l'aimois tendrement; je perdis ma mère lorsque je n'étois encore âgée que de six ans, et quoique si jeune sa mort me fut très-sensible, et inspira dans mon caractère cette teinte mélancolique, présage des maux qui m'ont accablée. Mon père qui vouloit que je fusse chanoinesse du chapitre de Maubeuge, pour m'accoutumer, disoit-il, à l'air du pays, où il vouloit que je fisse un long séjour, m'envoya au chapitre, et me donna pour sa nièce à madame la comtesse Mathilde sa cousine. C'étoit une femme de soixante ans, qui avoit été très-belle, et dont l'âme conservoit toute la sensibilité de la jeunesse. Elle me reçut comme le présent le plus flatteur, et s'engagea à ne rien négliger pour mon éducation; elle se promettoit bien de ne pas suivre les projets de mon père, et de ne pas faire de moi un être inutile pour la société; mais une digne mère de famille. Elle avoit été dans sa jeunesse amie de Saint-Evremont et de Fontenelle, ainsi que de plusieurs philosophes de ce temps, qui entretenoient avec elle une correspondance exacte. Voltaire rechercha son amitié, et l'obtint. Elle avoit acquis avec eux une grande haine des préjugés; peut-être même la poussa-t-elle trop loin, car il en est qui peuvent être utiles, quand ils ne serviroient qu'à nous cacher de tristes vérités ; mais on lui pouvoit pardonner de les regarder comme un fléau, ceux de ses parens lui ayant été bien funestes. Enfermée dans un cloître dès sa plus tendre enfance, elle n'en n'étoit sortie que pour les préparatifs de son mariage avec un homme de la cour, qui avoit soixante ans de plus qu'elle : elle déclara dès le premier jour, qu'elle n'y consentiroit pas, et quoiqu'elle n'eut que treize ans, elle mit tant de fermeté dans ses refus, qu'on n'osa pas la contraindre ; mais, espérant que le temps la feroit changer d'avis, on l'envoya chez une de ses parentes à quarante lieues de Paris, en lui signifiant qu'il falloit ou qu'elle épousât le duc de ***, ou qu'elle se décidât à se faire religieuse. Elle partit décidée à n'accepter aucune de ces deux propositions. La maison de sa parente, ne lui offrit qu'un asile plus triste que le couvent. C'étoit une femme d'une dévotion outrée, qui la fatiguoit sans cesse de sermons que la charmante Mathilde n'écoutoit guère.

Il y avoit dans la ville voisine, le fils d'un trésorier de France, jeune homme d'une figure céleste, et qui avoit reçu la meilleure éducation. Ses parens jouissoient d'une fortune assez considérable: sa mère étoit aussi dévote que la vieille parente de Mathilde avec qui elle étoit très-liée: son fils l'accompagnoit quelquefois chez elle, il vit Mathilde, et il fut plus assidu : bientôt leurs jeunes cœurs s'entendirent : ma tante trouvoit que son jeune ami lui convenoit mieux qu'un vieux duc podagre, et son amant voyant dans ses yeux qu'il étoit aimé, en parla à sa mère, que cette alliance flatta infiniment. L'orgueil et

le

le fanatisme sont presque toujours réunis. Elle en conféra avec son directeur, qui étoit aussi celui de la parente de ma tante ; il se chargea de la négociation. Les propositions furent reçues avec le respect qu'on avoit pour tout ce qui venoit de la part de ce saint homme. On les fit passer au père de Malthide; celui-ci furieux qu'on eût osé seulement avoir l'idée de marier sa fille avec un ennobli, vint en poste la chercher, et sans entendre les dévotes et le confesseur, la conduisit dans son premier couvent, en lui signifiant d'épouser le duc sous trois jours ou d'entrer au noviciat. Le jeune homme, désespéré, suivit sa maîtresse qui trouva le moyen de lui faire savoir les ordres de son père, sa généreuse résolution de s'y opposer, et de ne vivre que pour lui. Armand, c'étoit le nom du jeune homme, craignant que, quelque décidée que fut son amie à lui tout sacrifier, elle ne fût contrainte à subir son sort, trouva le moyen de s'introduire dans le couvent, et ayant une chaise de poste prête, l'enleva au milieu de la nuit. On s'apperçut de son départ dès l'aurore, et l'on avertit le père qui découvrit la route qu'ils avoient prise et qui les suivit, muni de deux lettres de cachet, l'une pour le jeune homme, qui l'exiloit aux îles, et l'autre pour la pauvre petite. Il eut bientôt rejoint ce couple infortuné. Les méchans ont des ailes pour poursuivre l'innocence. La séparation fut cruelle; mais les ordres étoient supérieurs, il fallut obéir: ils se jurèrent, en présence du père, qu'ils seroient toujours l'un à l'autre. Le sort de Malthide devint plus affreux; mais sa fidélité pour l'objet de son amour, n'en fut pas ébranlée; son cœur le suivoit sur les miers. L'amour ne put préserver le vaisseau qu'il montoit, et qui assailli, presqu'à la vue du port, d'un coup si violent, qu'il périt, corps et biens. On eut la cruauté d'en apprendre aussitôt la nouvelle à la malheureuse Malthide. On lui renouvela la proposition (qu'elle rejeta avec plus de force que jamais) d'épouser le vieux duc. Tout entière à sa douleur, et se reprochant la mort de son amant, elle renonça à l'univers entier et promit de s'engager par des vœux qu'elle ne redoutoit plus. Le couvent où elle avoit été transférée par lettre de cachet, étoit voisin de Maubeuge; l'abbesse du chapitre y venoit souvent, elle vit Malthide, que ses chagrins rendoient plus touchante; elle l'interressa, et obtint sa confiance. C'étoit une femme de beaucoup d'esprit, qui ne put supporter que celui que ma tante avoit reçu de la nature, fût enseveli dans un cloître, elle lui parla le langage de la raison et de la plus tendre amitié : elle calma peu à peu la violence de sa douleur, et, sans combattre la résolution où elle étoit de se conserver à la mémoire de celui qui avoit été la victime de son amour, elle lui présentoit un genre de vie plus conforme à son caractère, qui n'étoit pas fait pour la retraite, et encore moins pour la puérile dévotion monastique ; mais elle étoit bien persuadée que son père ne consentiroit jamais à faire lever la lettre de cachet tant qu'elle n'auroit pas prononcé ses vœux. — Eh ! bien, dit l'abbesse, vous les ferez dans mon chapitre ; je vous prendrai pour ma nièce, et vous jouirez de tous les agrémens de la société, que vous êtes faite pour embellir. Malthide la remercia, et le temps calma ses regrets, et lui fit désirer que l'abbesse de Maubeuge obtînt sa délivrance. Elle en écrivit au père, qui y consentit, à condition qu'elle ne quitteroit son couvent qu'à l'instant où elle pourroit s'engager dans le chapitre. Il fallut donc attendre qu'elle eût seize ans ; mais la protection de l'abbesse, les visites fréquentes qu'elle lui faisoit, adoucirent sa prison, d'où elle sortit enfin pour être chanoinesse. Bientôt, elle acquit auprès de sa tante, cet usage du monde qui est à l'esprit ce que les grâces sont au corps. Elle cultiva les talens ; mais surtout elle développa, par la lecture des auteurs vraiment philosophes, cette force de pensée qui la caractérisoit. Fidèle aux devoirs qu'elle s'étoit imposés, sa conduite fut irréprochable ; privée des douceurs de l'amour, elle employa la sensibilité de son cœur pour ses amis qu'elle choisissoit parmi les hommes de mérite, sans exception de rang ou de naissance; telle étoit celle qui forma mes premières années.

J'avois treize ans quand mon frère vint me voir, il me combla de marques de tendresse, et me dit: le soin de mon avancement dans le corps diplomatique, m'a occupé loin du Hainault; je vois, ma chère Amélie, avec une extrême douleur, que mon père est dans l'intention que vous fassiez vos vœux dans ce chapitre. Heureusement, vous n'avez pas encore atteint l'âge de les prononcer, ce ne peut être que dans trois ans : prenez d'abord un prétexte pour les retarder, et je me servirai de tout le crédit que je puis avoir sur notre famille, pour qu'elle s'oppose à ce dessein barbare qui feroit le tourment de ma vie. Vous êtes l'amie que la nature m'a donnée, et j'en serois privé? Non, mon Amélie, je ne souffrirai pas qu'on me sépare de vous ! J'ai écrit à mon père pour l'engager à ne point vous sacrifier à ma fortune. J'attends ici sa réponse, et je vous en ferai part. Mon frère revint le lendemain, il n'avoit reçu de mon père que ce peu de mots : *je viens moi-même apporter ma réponse.* Je tressaillis de joie, en apprenant l'arrivée de mon père ; ma tante fut enchanté ; mais mon frère n'étoit pas content : il savoit que les longs voyages de mon père l'avoient tellement fatigué, qu'ils lui avoient donné la plus grande répugnance pour se déplacer, et il auguroit mal de son arrivée à Maubeuge — Amélie me dit : mon frère, voilà l'instant de montrer de l'énergie, je crains bien que mon père ne vienne ici dans l'intention d'user d'autorité : si les parens ont des droits, ils sont limités, et les enfans ont aussi les leurs qu'ils doivent faire valoir avec une respectueuse fermeté. Souvenez-vous de la promesse que je vous ai faite, de vous secourir de tout le pouvoir de notre famille. Je vous quitte à regret, avant l'arrivée de mon père; mais je viens d'être nommé ministre à Ratisbonne, et des ordres supérieurs me forcent à partir sur-le-champ. Il me donna une bague, en me priant de la garder comme un souvenir de notre tendresse fraternelle. J'embrassai mon frère, et je sentis ses joues mouillées de larmes.

Mon père arriva huit jours après son départ; la comtesse Malthide employa en vain les raisons, les prières; elles ne firent qu'augmenter l'inflexibilité de mon père, qui la pria de me recevoir au stage une année d'avance, en lui disant que trois années d'épreuves étoient nécessaires pour une tête aussi légère que la mienne.

Il ne resta que trois jours à Maubeuge, où il ne me donna aucune marque de tendresse; mes talens que j'avois cru pouvoir adoucir son humeur atrabilaire, et le soin avec lequel ma respectable tante avoit formé mon cœur et mon esprit, ne le firent point changer de résolution; mais la mienne, secondée de l'avis de madame Malthide, étoit ferme. Je fis donc les premières années de mon stage, bien décidée à ne pas prononcer mes vœux, sans cependant entrevoir quel seroit mon sort.

Le régiment de.... (dragons) étoit en garnison à Maubeuge, le comte de Célicour en étoit colonel; il se fit présenter chez madame Malthide qui le distingua. Une figure superbe, quoiqu'elle portât l'empreinte de la sévérité, le ton de la meilleure compagnie, un esprit cultivé sans pédantisme, une manière énergique de s'exprimer prouvoit, chez lui, combien il étoit susceptible de passions ardentes, mais qu'il avoit pris l'habitude de vaincre. Un beau nom, d'immenses richesses, lui avoient fait faire un excellent mariage avec une héritière de sa province; mais elle étoit morte en donnant le jour à un fils: ses regrets furent très-vifs, et quoique la convenance plus que l'amour, eût présidé à cette union, les vertus et les grâces de madame de Célicour lui avoient mérité le cœur de son époux, on le pressoit inutilement de se remarier. Son attachement pour son fils, la crainte de ne pas rencontrer une femme aussi intéressante que celle qu'il avoit perdue, l'éloignoit de tout autre attachement. Cependant il ne put me voir sans prendre pour moi la passion la plus violente. Hélas! mon cœur n'y répondit que trop. Madame Malthide s'apperçut bientôt de notre mutuelle tendresse. Célicour, dès qu'il fut assuré qu'il ne m'étoit pas indifférent, crut devoir faire part à ma tante de ses projets; elle les accueillit comme devant me procurer le plus brillant établissement; et certaine que j'aimois Célicour, elle en écrivit à mon père, ne doutant pas qu'il partageât sa joie. Hélas! quels furent son étonnement et ma douleur, quand il réitéra l'ordre absolu de prononcer mes vœux et la défense expresse de voir Célicour. Il ajoutoit que peu lui importoit le rang et la fortune du comte, qu'il n'en faudroit pas moins, si je me mariois, que je partageasse la sienne, et qu'elle n'étoit que suffisante pour l'établissement de mon frère ; qu'en conséquence je ne devois pas y penser. Ma tante fit part de cette lettre à Célicour, qui s'offrit de renoncer pour lui et ses enfans à la fortune de mon père. Madame Malthide écrivit au comte, et eut pour toute reponse : « On ne renonce pas à une succession qui n'est pas ouverte. Si on me parle encore de ce projet, si j'apprends qu'on y donne la moindre suite, une lettre de cachet qui transférera Amélie à cent lieues de Maubeuge, me répondra de son obéissance.... Il faut y renoncer, m'écriai-je douleureusement. Ce n'étoit point la grande naissance de Célicour, ce n'étoit point l'éclat qui l'environnoit; c'étoit sa personne, c'étoient ses qualités aussi estimables que rares que je regrettois. Mon désespoir devint extrême : la résistance que Célicour éprouvoit du côté de mon père irrita sa passion. Il se livra à la plus affreuse douleur, et jura de ne pas survivre au malheur d'être séparé de moi.

Il proposa à ma tante de m'épouser

secrtèement et d'attendre ma majorité pour déclarer notre mariage. Madame Malthide y consentit d'autant plus volontiers qu'elle étoit persuadée que les préjugés seuls avoient fait dépendre la légitimité de cette union de la volonté d'autrui, tandis que la loi naturelle ne pouvoit reconnoître aucune puissance capable de s'y opposer, il fut donc convenu que nous nous rendrions secrettement à Liège, pour y recevoir la bénédiction nuptiale. Ma tante connoissoit le prince-évêque, qui ne fit aucune difficulté, d'autant que ce mariage étoit parfaitement assorti. Nous revînmes le lendemain à Maubeuge. les transports seuls du comte égaloit mon bonheur. Cette félicité qui s'est évanouie comme un songe, se présente encore à mon souvenir, et sa douce image a suspendu l'effet des maux qui m'ont accablée, tant que j'ai eu l'espoir de la voir renaître. Cependant Célicour pour ne donner aucun soupçon, ne venoit jamais chez ma tante que le jour, et dès qu'il étoit dix heures du soir il se retiroit.

Ce fut six mois après notre mariage que le chevalier d'Ac vint à Maubeuge avec le régiment de..... où il servoit en qualité de sous-lieutenant, il chercha à me plaire; mais quand je n'aurois pas aimé mon époux, c'eût été bien inutilement : j'éprouvois pour lui un éloignement extrême; cependant comme il étoit de la première force sur le clavecin, il m'accompagnoit dans les concerts que donnoit M. le comte à Malthide. Je crus quelquefois m'appercevoir que lorsque j'avois fait de la musique avec lui, Célicour prenoit un air plus sombre, et j'évitois le plus qu'il m'étoit possible de chanter sous un prétexte, ou sous un autre; mais ma tante qui ne s'appercevoit pas de la jalousie du comte et qui avoit un grand plaisir à m'entendre, m'en prioit si instamment, qu'il m'étoit quelquefois impossible de la refuser. D'Ac demanda à être présenté chez ma tante, mais je m'y opposai en disant que nous ne recevions personne. — Excepté Célicour, dit-il entre ses dents. Je rougis, et ce fut ma seule réponse.

M. Célicour avoit été un peu incommodé, ce qui l'avoit empêché de venir chez moi depuis deux jours: il m'avoit fait dire par son valet de chambre, qui étoit le seul de ses gens qui fût dans le secret, qu'il viendroit le lendemain; et je l'attendois avec le plus vif empressement, lorsque j'appris que mon mari avoit proposé au chevalier d'Ac de se battre; que ce dernier avoit refusé, et s'étoit fait chasser de son corps. J'attendois que Célicour vint me raconter le sujet de son démêlé avec cet homme ; mais je ne vis point Célicour de la journée. Enfin le soir, je sus qu'il avoit obtenu un congé, et qu'il étoit parti pour ses terres. Qu'elle fut ma douleur. La comtesse fit tout ce qu'elle put pour me consoler ; mon sort l'inquiétoit d'autant plus que j'étois grosse. Ma tante écrivit à Célicour, pour lui annoncer le bonheur dont il alloit jouir, et se plaindre de son départ. Je joignis à sa lettre l'expression de ma tendresse et de ma douleur ; il répondit froidement à ma tante qu'il feroit tout ce qu'un galant homme doit faire ; qu'il la prioit de me conduire à Paris, où nous trouverions un appartement commode et décent ; qu'il lui demandoit de ne se faire accompagner que de madame Dupré : (c'étoit ma femme de chambre, sur laquelle on pouvoit compter), et que lui s'y rendroit aussitôt que je serois mère ; mais qu'il étoit très-essentiel de ne plus rien lui écrire jusqu'à ce moment; une lettre perdue pouvant avoir de grands dangers. Ma tante voulut me faire voir de la prudence, où je ne voyois que l'abandon le plus cruel, et ma douleur devint si vive, qu'elle me conduisit aux portes du tombeau. Ma tante ne me quittoit ni jour ni nuit ; sa santé, qui étoit très-délicate, ne put supporter avec cette fatigue, le chagrin que la conduite du comte à mon égard lui causoit ; à peine étois-je hors de danger, qu'elle mourut. Hélas! que n'ai-je pu la suivre, que de maux je me serois épargnés ; mais j'étois au moment de donner le jour à un enfant, qui, malgré la cruauté de son père, m'étoit bien cher. J'écrivis au comte; je lui peignis mon sort avec toute l'énergie du désespoir. Il me répondit avec calme, mais sans aigreur ; cependant aucune expression de sa lettre ne pouvoit servir à prouver notre mariage. Réduite à n'avoir plus d'autre confidente que la Dupré, je lui parlois sans cesse de mes chagrins. Enfin le terme approchoit, ma longue et cruelle maladie m'avoit donné le moyen de dérober à tous les yeux mon état. Je partis sous prétexte d'aller aux eaux de Spa ; mais je changeai de route à une certaine distance de Maubeuge, et je pris celle de Paris. Je descendis dans une maison très-retirée du faubourg St-Antoine. Le rez-de-chaussée étoit occupé par un jardinier-fleuriste et sa femme ; l'appartement qui m'étoit destiné étoit très-commode, et je vis avec satisfaction que Célicour avoit cherché à m'y procurer tout ce qui pouvoit m'être agréable ; une fort jolie bibliothèque, un clavecin. La vue d'un superbe jardin, dont les fleurs embaumoient l'air, tout servoit à calmer mon âme; chaque jour j'attendois mon époux, et cette espérance adoucissoit tous les sujets d'inquiétude que j'aurois dû avoir. La Dupré me prodigua mille soins. La nature qui doit protéger l'œuvre la plus importante qu'elle puisse faire, laisse rarement les maladies accabler une femme au moment où elle va devenir mère. Les derniers mois d'une grossesse en sont presque toujours exempts. Aussi ma santé s'étoit-elle parfaitement rétablie, et malgré l'usage de laisser à des femmes mercenaires remplir les devoirs les plus sacrés, je me promis bien que mon enfant ne suceroit pas avec un lait étranger, des inclinations opposées aux miennes. Il me sembla dans le choix des livres que le comte avoit fait pour moi, qu'il avoit le même désir. Je trouvai Loke et Montagne, je les lus avec la plus grande attention; je voulois me pénétrer de leurs principes; je me faisois une idée si douce d'élever mon enfant, de le rendre digne de son père. Hélas! ce fut envain que mes infortunes m'avoient mûrie, que j'étois devenue capable de remplir ces augustes fonctions; mon malheur étoit décidé.

Je ressentis des douleurs, et madame Dupré avertit M. Barbot, c'étoit l'accoucheur le plus célèbre de ce temps. La Dupré me conseilla, afin qu'il ne pût jamais me reconnoître, de m'envelopper la tête d'un voile. Je ne demandois pas mieux, je me trouvois si malheureuse dans l'abandon où j'étois, que je désirois vivement me cacher à tous les yeux, dès que ceux qui auroient dû me regarder avec complaisance, se détournoient de moi. Mon accouchement fut long et très-pénible. Qu'on se figure une jeune personne qui n'avoit pas encore seize ans, n'ayant auprès d'elle, ni son époux, ni aucun de ses parens, livrée à une femme, dont, hélas! le caractère ne m'étoit pas connu, dans ces momens cruels où l'âme s'exhale par la violence des douleurs, et cherche par l'abandon du sentiment, à se distraire en quelque sorte des tourmens qu'elle endure. Hélas! nul n'écoutoit mes gémissemens, nul ne soutenoit ma tête brûlante; en vain mes bras soulevés par des mouvemens convulsifs, les cherchoient; ils ne rencontroient que l'espace, et toi que je n'osois nommer, mais que mon cœur appelloit, comment pouvois-tu me laisser seule! époux trop chéri, et dont l'affreuse jalousie a fait tout le malheur! Cependant j'étois sans défiance, et j'osois encore me flatter que tu sourirois à mon malheureux enfant. Un cri qui m'annonçoit la fin de ma souffrance et l'existence de ma pauvre petite, fit passer dans mon sein une joie qui ne peut être exprimée, et qui est éprouvée par toutes les mères, quelqu'infortunées qu'elles soient.…. Je demandai à M. Barbot si c'étoit un garçon ; il me répondit avec ménagement que c'étoit une fille. —Ah ! tant mieux, elle ne me quittera pas. Aussitôt qu'il me fut possible, je la pressai contre mon sein, je la couvris de baisers ; elle annonçoit une grande beauté.

Barbot m'assura qu'on ne pouvoit être mieux faite. Dès que je fus dans mon lit, la Dupré donna à l'accoucheur vingt-cinq louis ; il dit qu'il reviendroit me voir ; mais soit que cette abominable créature lui eût défendu ma porte, ou qu'il m'eût oubliée, je ne le revis plus. Je nourrissois ma fille, et j'attendois son père, à qui j'avois fait écrire par la Dupré, au moment de sa naissance. Je lui écrivis moi-même dès le lendemain, mais je n'eus point de réponse. Mon inquiétude étoit extrême; je n'avois pas fait nommer mon enfant; il avoit été ondoyé à l'instant de sa naissance, et m^{me}. Dupré me disoit que cela étoit suffisant, (ayant le certificat de l'accoucheur,) jusqu'à l'arrivée de M. de Célicour, qui ne pouvoit tarder. Je la crus, et n'assurai pas l'état de cette innocente créature. Mais hélas ! à quoi cela lui auroit-il servi ! Douce et tendre victime, tu ne devois paroître qu'un instant sur ce globe où n'habitent que les maux ; pensée consolante de l'immortalité, qui me fait encore sentir le bonheur d'être mère, quand depuis vingt ans la mort m'a privée de mon enfant, et en sentant la mienne s'approcher, je me dis : je la reverrai, son père l'a trouvée avant moi ; il m'attend pour me témoigner ses regrets, pour me rendre aussi heureuse que j'ai été infortunée. Voilà ce qui fait que mon dernier soupir sera si doux : mais reprenons le récit de de mes malheurs.

Déjà six semaines s'étoient écoulées, et je n'avois reçu d'autre consolation que les premiers souris de ma fille ; mais combien ils portoient de joie dans mon cœur..... Elle me connoissoit déjà, ses yeux me cherchoient, ses petites mains s'étendoient vers moi ; je lui trouvois mille manières de son père, quoique la Dupré prétendît qu'elle me ressembloit ; la cruelle, comment a-t-elle pu m'abandonner, en m'apprenant que j'avois tout perdu!

Ma petite avoit eu un sommeil fort agité, je l'avois tenue dans mes bras toute la nuit ; le matin elle s'endormit

après

après avoir tété. J'étois extrêmement fatiguée, je m'endormis aussi pendant plusieurs heures. A mon réveil, je cherche mon enfant, étonnée de ne le plus trouver dans mes bras, je vole à son berceau, et ne l'y trouve pas, je crois que la Dupré, pour qu'elle ne trouble pas mon sommeil, l'a emportée dans sa chambre, j'y vais, ma fille n'y étoit pas. Je descends précipitamment chez la jardinière, ce que je n'avois pasencore fait ; car depuis l'instant où j'étois dans cette fatale maison, jusqu'à celui-là, je n'étois pas sortie de ma chambre. Ces bonnes gens vinrent à moi avec la plus grande affection, je leur demandai ou étoit la Dupré et mon enfant ? — Madame Dupré, me dit la jardinière, est sortie, il y a environ deux heures, tenant votre enfant, nous avons voulu le voir, car il étoit couvert de ses langes, elle nous a dit qu'elle nous le montreroit en revenant, mais qu'elle étoit pressée..... qu'on l'attendoit ; elle est montée en fiacre, mais sûrement elle ne tardera pas à revenir. Et me demandant si je n'avois besoin de rien, ils me dirent qu'ils étoient à mes ordres. L'espérance qui nous suit au fond de l'abîme, vint me bercer de ses illusions mensongères, je me dis : — C'est peut-être M. de Célicour qui veut voir sa fille..... J'ignore quel caprice l'a éloigné de moi, mais les sentimens de la nature auront été les plus forts, il aura voulu embrasser le gage de notre amour..... qui sait si la tendre émotion qu'il aura éprouvée ne le ramènera pas auprès de moi ; quelle joie n'aurai-je pas en le voyant rentrer tenant dans ses bras ma pauvre petite. Ah ! comme j'oublierai tout ce qu'il m'a fait souffrir ! Dans cette attente, je m'approchai d'une fenêtre de mon cabinet, d'où je pouvois voir dans la rue, et là je dévorois de mes regards tous les objets, il ne passoit pas de voiture, que je n'eusse voulu l'arrêter, et en faire descendre les objets de mes affections. Je restai plusieurs heures dans la même situation, et je crois que j'y serois morte plutôt que de m'éloigner un instant, si le jardinier ne fut venu m'en tirer pour me remettre un billet de la part de la Dupré, je l'ouvre avec un effroi qui ne présageoit que trop mon malheur. Cependant, toute autre qu'une mère n'y auroit vu qu'un excès d'attachement de la part de la Dupré. Je transcris ce billet.

De Paris, le 10 mai 1724.

« Soyez sans inquiétude, ma chère maîtresse, et pardonnez, si pour peu de temps, je vous ai privée de votre chère enfant, vous la reverrez bientôt;

mais j'ai dû vous préserver du danger que vous auriez couru en la gardant auprès de vous. Au moment où je me suis levée, je vous ai vu dormant toutes deux, je me suis approchée, et j'ai reconnu distinctement que votre pauvre petite étoit couverte de petite vérole, je l'ai prise bien doucement, de peur de vous réveiller, je l'ai bien entortillée, afin que l'air ne lui fît pas de mal, je l'ai conduite en voiture, chez un fameux médecin, où elle est aussi bien que chez vous; je ne la quitterai ni jour ni nuit; je me trouverai heureuse de vous la rendre en parfaite santé, sans que vous soyez exposée à la contagion d'un mal bien plus dangereux pour vous. Le médecin m'a donné une ordonnance pour que vous fassiez passer votre lait, car il a jugé à propos de sevrer votre enfant, dont je vous donnerai des nouvelles tous les jours. Mais, je vous le répète, soyez sans inquiétude, la petite vérole est de la meilleure qualité, on assure qu'elle n'en sera pas marquée. Tout à l'honneur de vous servir, etc.

DUPRÉ.

Il est aisé d'imaginer que je ne lus pas ce billet de suite, la révolution qu'il me fit éprouver fut terrible, et quoiqu'il parût ne contenir que la plus exacte vérité, je trouvois dans la conduite de ma femme de chambre une hardiesse que son prétendu zèle ne pouvoit justifier. Comment avoit-elle osé m'enlever mon enfant pour le transporter dans une maison étrangère, sans mon aveu, sans celui de son père ; comment ne me nommoit-on pas le médecin ? Mille pensées, plus funestes les unes que les autres, se présentoient à moi ; mon premier mouvement fut de vouloir sortir, mais je ne connoissois personne dans cette ville immense : à qui m'adresser pour avoir justice : la crainte de rencontrer mon père, et même mon frère, quoique sa tendresse me fût connue, retint mes pas. Cependant je ne pris aucune des précautions que l'on m'indiquoit, et bientôt à tous les déchiremens de mon âme se joignirent des douleurs physiques intolérables. La bonne jardinière me pressoit en vain de m'occuper de ma santé, je lui répondois toujours : — Ah ! tant que je n'aurai pas ma fille, que m'importe la vie.

Cependant la Dupré me faisoit passer exactement le bulletin de l'état de ma pauvre petite ; les premiers étoient très-rassurans, mais peu à peu on paroissoit chercher à m'accoutumer à l'idée d'un malheur si cruel, que rien ne pouvoit me consoler. La fièvre, qui ne me quittoit pas, fit des progrès rapides, le lait se porta à ma tête, et je tombai dans un état si dangereux, que mes hôtes prirent sur eux d'envoyer chercher un médecin. Dans mon délire, je le pris pour celui de chez qui on m'avoit écrit qu'étoit ma fille, je la lui demandois avec l'accent du désespoir. C'étoit un homme aussi sensible qu'instruit dans son art. Il avoit su par mes hôtes, ma position; il flatta mon imagination égarée, me parla de ma fille comme s'il l'avoit réellement eue chez lui, parvint, à force de me répéter qu'elle étoit sans aucun danger, et qu'il me la rendroit bientôt, à me déterminer à conserver une vie qu'il me disoit être si nécessaire à mon enfant. Il venoit trois fois par jour, et je ne saurois vous exprimer la reconnoissance que je lui dois, si toutefois c'est un service, dans la triste position où j'étois, de m'avoir conservé le jour.

Il avoit expressément défendu que l'on me remît aucun billet, et je n'étois pas surprise de n'en pas recevoir, puisque je croyois que je ne pouvois avoir des nouvelles plus sûres que de sa part. Enfin, je recouvrai ma raison et ma santé, et calculant que les six semaines étoient plus que passées, je le pressai de me rendre mon unique bien.

M. Duhamel, c'étoit le nom du docteur, me dit que ce seroit dans quelques jours, et que dès que je serois en état de supporter la voiture, il me conduiroit chez lui à la campagne, où étoit ma fille. Je lui dis que je ne voulois point sortir de chez moi ; que j'avois les plus fortes raisons pour ne point quitter cet asile où d'un moment à l'autre mon époux pouvoit venir me chercher. Hélas ! il étoit loin d'en avoir le projet! Le médecin ne pouvant suivre celui qu'il avoit formé de me mener à la campagne, où sa femme lui avoit promis d'adoucir l'horreur de ma situation, se détermina à me la présenter. Je fus très-sensible à sa visite, mais je demandois toujours ma fille : ce fut cette respectable femme que son mari avoit laissée avec moi, qui m'apprit qu'ils n'avoient aucune connoissance du sort de mon enfant : qu'en vain M. Duhamel avoit fait suivre à différentes fois les commissionnaires qui apportoient les bulletins ; qu'il lui avoit été impossible de remonter à la source d'où ils partoient. Que devins-je à cette terrible explication! — Mais, ces bulletins, où sont-ils? — Les voilà, me dit-elle, en supprimant le dernier. L'état de l'enfant avoit toujours empiré. — Ah! ma fille est morte, lui dis-je, en tombant dans ses bras sans connoissance. Son mari qui revint peu de temps après, me rendit encore à la vie. Ils crurent qu'il ne falloit pas prolonger ma cruelle incertitude, et me donnèrent le dernier billet de l'atroce Dupré, qui m'annonçoit la mort de mon enfant, et me disoit en même temps qu'elle ne reparoîtroit pas à mes yeux..... Elle fit bien, car je crois que dans cet instant je l'aurois étouffée de mes propres mains. Ma douleur fut extrême. Mes dignes amis me laissèrent m'y livrer avec une patience, une sensibilité, qui n'a point d'exemple. Madame Duhamel se fit monter un lit dans ma chambre, et ne me quitta pas. Mais ce n'étoit pas le seul coup qui m'étoit réservé. M. Duhamel avoit aussi reçu pour moi des mains du jardinier, une lettre, qu'il pensoit bien devoir être importante: il m'engagea à recueillir les forces de mon âme, et me la remit; elle étoit de M. de Célicour. Je la transcris ici, non sans peine, car les caractères en sont effacés par les larmes dont elle a été si souvent trempée.

A Célicour, le 15 juin 1724.

« J'ai respecté, madame, votre état, quoique je sois certain que l'enfant que vous portiez étoit la preuve de votre infidélité, et non le gage d'un amour qui auroit fait le bonheur de ma vie. J'aurois toutefois dissimulé mes justes ressentimens, si la nature n'avoit rompu pour jamais nos liens en ôtant la vie à l'enfant dont vous n'auriez jamais pu nommer le père sans rougir. Ne cherchez point à vous justifier, et croyez que c'est d'après des preuves irrécusables, que j'ai pris un parti dont mon cœur saignera long-tems. Retournez à Maubeuge, la mort de madame Malthide, seule dépositaire de ce fatal secret, vous y laisse une prébende; je suis assuré, qu'il n'a pas transpiré. Méritez par votre soumission aux ordres de votre père, en prononçant vos vœux, le retour de sa tendresse, et ensevelissez dans le plus profond mystère mon malheur et vos fautes : c'est le seul moyen qui vous reste de regagner un jour mon estime.

CÉLICOUR. »

Que devins-je à la lecture de cet arrêt cruel ! vingt fois je l'interrompis par mes sanglots, madame Duhamel me prodigua les plus tendres soins, mon cœur voulut s'épancher dans le sien, mais retenu par les ordres du barbare que je regardois comme le maître de mes destinées, je m'obstinai à garder le silence. Sentant bien que je n'aurois pas la force de revoir des lieux qui me rappelleroient sans cesse mon malheur. — Il faut que je parte, lui dis-je, il faut que je quitte cet asyle, il n'en est plus pour moi. Mais ces diamans m'appartiennent, rendez-moi le service de les changer pour une valeur réelle qui puisse m'être utile dans mon voyage.... Cette respectable femme employa tous les raisonnemens pour m'engager à ne rien précipiter. —Nous ignorons qui vous êtes, dit-elle, mais votre existence annonce une naissance élevée, ce riche écrin en est encore la preuve, certainement, madame, vous tenez un rang dans le monde. Qui peut donc vous forcer à tout quitter? — Je ne quitte rien, madame, il n'est plus rien pour moi dans l'univers! Il faut que j'aille trouver mon frère, que dis-je, un ami, le seul qui me reste. Madame Duhamel vouloit que je retardasse de quelques jours; mais ce fut en vain. Je leur témoignai ma vive reconnoissance. Ils m'aidèrent dans la vente de mes diamans dont j'eus quarante mille francs en billets des fermes. Je pris un passe-port sous le nom de Julie de Lesseville qui étoit le nom que j'avois porté pendant mon séjour à Paris, et partis pour Ratisbonne, où mon frère étoit ministre. J'étois assurée d'être bien reçue, je voulois lui confier le sujet de mes douleurs, et l'engager à écrire à M. Célicour, pour le forcer à s'expliquer; enfin j'étois décidée s'il ne pouvoit pas réussir à le convaincre de mon innocence, à me retirer dans un couvent d'Allemagne pour y attendre la fin de mes douleurs.

Arrivée à Ulm, j'appris que le ministre de France y avoit passé, il y avoit huit jours, pour se rendre à Paris, d'où il devoit aller en Amérique pour épouser la fille du gouverneur de Saint-Domingue. Désespérée de l'avoir manqué de si peu de jours, je ne perdis pas de tems pour suivre ses traces; mais ayant été importunée par des questions multipliées et par l'air d'empressement que l'on avoit avec moi sur la route où il paroissoit fort extraordinaire de voir une jeune personne assez belle, voyager seule; (car je n'avois pas voulu amener de femme de chambre, la Dupré m'en avoit dégoûté pour toujours,) je me fis faire des habits d'homme, et pour ne pas être remarquée par ceux qui m'avoient vue en allant, je pris ma route par la Suisse. Comme j'avois changé ma voiture contre un chariot de poste qui étoit à plusieurs places, des marchands de Francfort me demandèrent de faire la route avec moi. Un d'eux se nommoit Schwartz. Je sus qu'il avoit éprouvé une banqueroute, qui le ruinoit, je lui offris dix mille francs, qu'il accepta avec une vive reconnoissance qui se changea bientôt en un autre sentiment; et persuadé que je déguisois mon sexe et mon état, il me pressa de questions; il fit plus, il hasarda de m'écrire. J'ai gardé cette lettre pour la singularité du style.

A Ulm, le 25 juillet 1724.

« Vous êtes un être indéfinissable, oui, jeune Français, oui, vous nous trompez, je le sens au feu que vous m'inspirez; mais si vous nous trompez sur votre sexe, vous nous trompez aussi sur votre état. Oui, vous êtes une grande dame, et moi pauvre malheureux, que vais-je devenir en apprenant cela? non je ne voudrois pas pour les dix mille livres que vous m'avez prêtées et qui feront ma fortune, vous avoir connue. Vous êtes un méchant, ou une trompeuse. Vous avez dérangé ma pauvre raison.... Que gagnez-vous à cela? Ah! dites-moi qui vous êtes, je vous en conjure au nom de la probité, foi d'Allemand ; je vous jure respect et déférence. Mais ne me trompez pas davantage, car je puis encore éteindre un feu qui vous déplairoit, si vous êtes ce que j'imagine, mais ne vous y fiez pas plusieurs jours encore, je ne sais ce que je serois capable de faire pour sortir de l'état cruel où vous me jetez.

SCHWARTZ. »

Je trouvai cette lettre sur mon lit, elle me causa le plus grand trouble : je vis l'imprudence que j'avois faite, et sans perdre un instant, je profitai du sommeil de mes compagnons pour sortir de l'auberge ; j'y laissai mon chariot, et je repris les habits de mon sexe. J'allai à la poste où sous le nom de Lesseville, je m'arrangeai avec le courier de la malle qui me ramena en

France. Enfin j'arrivai à Moiran d'où j'écrivis à madame Duhamel pour la prier de s'informer à l'hôtel d'Ormont, si le comte y étoit arrivé, et s'il y étoit encore, de lui faire remettre la lettre que je lui écrivis. S'il en étoit parti de s'informer dans quel port il comptoit s'embarquer pour Saint-Domingue. J'ajoutai pour qu'elle ne sût pas que je me nommois d'Ormont, que mon frère étoit des intimes amis du comte et attaché à sa légation; que je ne l'avois pas trouvé en Allemagne; qu'on m'avoit assuré qu'il étoit parti avec le ministre, et qu'il devoit l'accompagner à Saint-Domingue; que si ce dernier avoit déjà quitté Paris, je la priois de me renvoyer ma lettre, et dans l'une ou l'autre position de me répondre courier par courier à Moiran où j'attendois sa réponse. Je restai donc dans cette petite ville, et ce fut dans les environs que m'arriva l'anecdote que madame de Walmore m'a fait lire dans la lettre de mon frère : je pensai trahir mon secret par l'attendrissement que me fit éprouver le récit qu'il lui faisoit de cette rencontre et des expressions de sa tendresse. Madame Duhamel m'écrivit dans les termes les plus affectueux, en me renvoyant la lettre que je lui avois adressée pour le comte d'Ormont : elle me marquoit qu'il étoit parti par le Havre ; elle m'engageoit à passer par Paris, où elle m'offroit un logement chez elle. Je la remerciai en lui disant que je ne m'arrêterois pas un instant, dans la crainte de manquer encore mon frère ; mais qu'à mon retour, j'irois sûrement la voir et accepterois ses offres : je partis aussitôt dans une voiture que j'avois achetée en arrivant en France, et courus jour et nuit ; mais le sort qui me persécutoit, voulut encore que je n'arrivasse que le lendemain du départ de mon frère. Le suivre en Amérique étoit peut-être le seul parti que j'aurois dû prendre, mais je ne pus m'y déterminer. Mon frère alloit à Saint-Domingue pour se marier. Je ne savois pas ce que mon père avoit fait depuis ma fuite de Maubeuge : il pouvoit avoir disposé de la totalité de ses biens envers mon frère, et c'étoit peut-être une des clauses du contrat avec la fille du gouverneur ; mon apparition subite dans ce pays pouvoit déranger le projet, et faire manquer à mon frère un aussi riche établissement, il avoit le droit lui-même de désaprouver ma conduite, et si je n'étois pas reçue par lui avec la tendresse d'un frère, que deviendrois-je dans cette colonie avec si peu de ressources? Attendre dans une retraite ignorée son retour en France, me parut ce que j'avois de plus sage à faire, j'en pouvois être instruite par madame Duhamel. Cependant je n'avois pas la force de supporter le chagrin d'être isolée sur la terre. Me trouvant dans la province qu'habitoit M. de Célicour, il me fut impossible de ne pas m'informer si j'étois bien éloigné de lui: on me dit que je n'en étois qu'à quinze lieues. — Si j'allois le voir, seroit-il dans la nature qu'il me repoussât, lui qui m'a tant aimé! Ne pourrai-je pas me justifier auprès de lui? Je n'ai rien à me reprocher que de l'avoir trop aimé. Peut-il donc me punir si cruellement d'une faute qui est son ouvrage. Il faut que les plus noires calomnies m'aient couverte à ses yeux de crimes dont je ne puis avoir même l'idée. Mais il me verra, il m'entendra. Ah ! que n'ai-je pris ce parti plutôt: je me serois épargné bien des peines, et ma justification eût été plus facile. N'importe; ne perdons pas de tems. J'envoie chercher des chevaux de poste, et je me fais conduire à Célicour.

Dès que je fus dans la longue avenue qui menoit au château, le cœur me battit, et l'ardeur que j'avois de revoir l'objet de ma tendresse, se changea tout à coup dans une telle frayeur, que je pensai donner ordre au postillon de tourner bride ; mais je me reprochai bientôt ce mouvement de crainte que je regardois comme une injure envers Célicour, je continuai donc ma route.

Arrivée à la cour de cette maison qui devoit être la mienne, on vint demander mon nom, je gardai celui de Lesseville, et je m'informai avec un trouble extrême, si M. de Célicour étoit chez lui ; on me dit qu'il étoit parti pour la chasse et qu'il reviendroit pour dîner, mais que je pouvois descendre de voiture et l'attendre dans le salon, si cela me convenoit. Je m'informai si Clément avoit suivi son maître à la chasse, c'étoit le nom de son valet de chambre qui m'avoit vue à Maubeuge, on me dit que le comte ne l'avoit pas ramené du régiment; qu'il s'étoit depuis marié à la femme de chambre d'une chanoinesse de Maubeuge. Je ne doutai pas alors que ce ne fut Dupré et que cette fille ne m'eût trahie. Quand je fus seule dans ce vaste salon où tout peignoit la richesse et la magnificence du maître de ces lieux, je me livrai aux plus douces réflexions. Enfin je cherchois à calmer l'agitation de mon cœur, et je n'y trouvois que l'horreur de l'abandon. Je marchois avec une vitesse extrême, puis je m'arrêtois tout à coup; quelquefois je me jetois sur un canapé, et cachant ma tête dans mes mains; je les sentois mouillées de larmes que je ne pouvois retenir ; puis je me levois croyant entendre entrer. J'essuyois mes yeux, et reprenois un air calme. Je me regardois involontairement dans les glaces dont ce salon étoit orné, je trouvois que le chagrin et la fatigue avoient effacé mes charmes; je doutois de leur effet sur le comte, je me comparois avec un portrait que je pensois devoir être celui de sa première femme. Elle étoit belle, mais j'aurois pu, dans les jours de mon bonheur, plaire plus qu'elle. Cependant son visage me causoit une jalousie extrême.

Je savois que le comte avoit un fils qu'il aimoit tendrement. Hélas ! me disois-je, c'est sur lui qu'il aura reporté ses affections, s'il ne m'avoit pas repoussé, j'aurois partagé ses sentimns timens pour cette enfant, je l'aurois aimé comme une mère; mais il m'abandonne pour lui. J'ai perdu le seul objet qui pouvoit me consoler de sa cruauté, et mes larmes recommençoient à couler avec plus d'abondance. Le maître-d'hôtel vint me demander si je ne voulois rien prendre avant l'arrivée de M. de Célicour, je lui dis que je n'avois besoin de rien; il me proposa de me promener dans le parc, je l'acceptai dans l'espérance que l'air calmeroit l'agitation que j'éprouvois. Je fus frappée de la beauté des jardins. — Hélas! me disois-je, qu'on seroit heureuse ici avec un époux dont on auroit la tendresse. Je traversois les bosquets qui conduisent à une des routes du parc, quand je trouvai le fils de Célicour qui jouoit sur l'herbe avec les fils du jardinier; j'éprouvai à sa vue un sentiment que je ne puis définir, c'étoit tout à la fois de douleur et de plaisir.

Il étoit d'une figure charmante, ses yeux, les plus beaux qu'on puisse imaginer étoient si doux et si tendres, son souris si fin, que je ne pus me défendre de m'approcher de lui. Il quitta ses petits compagnons, et vint à moi dès que je lui fis la première caresse; je l'embrassai, et lui demandai où étoit son papa? — A la chasse, me dit-il, il y est toujours, ce qui m'ennuie beaucoup; car je l'aime bien, papa. Ah! quand je serai grand, j'irai aussi avec lui, je ne le quitterai plus. — Il ne voit donc personne? — Oh! personne du tout, et surtout depuis qu'il est revenu du régiment, il est triste..., triste. J'entre quelquefois dans son cabinet, eh! bien, croyez-vous que je le trouve qui pleure; moi je le caresse, il me prend sur ses genoux, il me baise, et puis il me dit : va mon petit, va jouer, je suis bien aise d'être tout seul. Moi je ne veux pas ; mais il se fâche, et il faut que je m'en aille ; ma bonne dit qu'il est tout changé depuis que maman est morte : car je n'ai plus de maman. On dit qu'il n'étoit pas si triste que depuis son retour de Maubeuge. Combien ces naïves paroles pénétroient mon cœur. — Hélas ! disois-je, pourquoi, s'il est malheureux, d'être séparé de moi, s'obstine-t-il à me fuir, et j'espérois qu'en me revoyant il me rendroit sa tendresse : je m'assis sur un banc, et je pris son fils sur mes genoux. — Vous me paroissez bien aimable, bien raisonnable, mon cher petit, seriez-vous bien aise si je venois voir souvent votre papa. — Ah ! oui, très-aise, je vous aimerois bien. — Mais si j'y venois demeurer, que je vous tinsse lieu de maman ? — Ah ! dit-il, en me passant ses petits bras au cou, je vous aimerois de tout mon cœur. Je ne pus retenir mes larmes. — Eh ! bien ne voilà-t-il pas que vous pleurez, c'est tout comme mon papa ; toutes les fois que je le caresse : ça vous fait donc du chagrin quand je vous embrasse ? — Eh ! non, mon petit, au contraire. La bonne vint nous joindre, plus, je crois, par curiosité, que par soin pour son élève. Elle me regardoit avec attention, et paroissoit vouloir me faire quelques questions ; mais j'eus avec elle une politesse si froide, qu'elle n'osa lier conversation. Lui ayant seulement demandé si M. de Célicour seroit encore long-temps sans revenir, elle me dit que non, et que n'ayant chassé ce jour-là qu'au tiré, il ne s'étoit pas écarté,

Alors, je retournai au château, le petit Célicour me tenoit par la main, et ne vouloit pas me quitter ; rentrés dans le salon, la bonne eut toutes les peines du monde à l'emmener dîner. Il vouloit rester avec la belle dame. Je l'embrassai encore, et restai seule à attendre l'arrivée de son père.

Peu d'instans après, j'entendis du mouvement dans la cour, et regardant au travers des jalousies, qui étoient fermées, j'aperçus un groupe de chasseurs qui y entroient ; je n'eus pas de peine à distinguer Célicour, sa figure étoit si noble, si expressive, qu'on ne pouvoit le confondre avec personne, et quoiqu'elle portât l'empreinte du plus violent chagrin, elle conservoit encore les grâces qui m'avoient séduite. Dès le premier moment que je le vis, j'oubliai tous les sujets de chagrin qu'il me causoit, pour me livrer au doux plaisir de le revoir. Hélas! ce fut le dernier instant de bonheur que j'aie goûté. Après avoir donné quelques ordres à ses gardes, il s'avance vers le perron où son maître d'hôtel vint à sa rencontre, et lui dit qu'une dame étoit dans le salon, qui l'attendoit. — Une dame! et comment se nomme-t-elle? — Lesseville. —Je ne la connois pas; y a-t-il long temps qu'elle est ici? — Presqu'aussitôt que M. le comte est parti pour la chasse; elle est, ajouta le maître-d'hôtel, jeune et jolie. J'entendois cette conversation, les fenêtres étant ouvertes, le son de sa voix porta le trouble dans tout mon être; mais mon émotion fut à son comble, lorsque j'entendis ses pas dans la pièce qui précédoit celle où j'étois! ne pouvant me soutenir, je m'assis dans un fauteuil qui étoit en face de la porte. Il me vit au moment où il l'ouvroit, et son premier mouvement fut de reculer, il pensa ressortir sans me dire un mot. Je me levai avec précipitation, et vins me jeter à ses genoux. Il me quitte pour fermer la porte, en ôte la clef, ferme aussi les fenêtres, dans la crainte d'être entendu. J'étois restée à genoux, à la même place ; enfin il revint à moi, et me tendant la main pour me relever, il sembloit attendre de moi ce que je pourrois dire. J'étois tellement oppressée que je ne pouvois articuler un seul mot ; mais je m'obstinois à ne point quitter cette position. — Levez-vous, madame, me dit-il enfin, mais d'un air si sombre qu'il me fit trembler. Je me levai. — Que venez-vous chercher ici ? — Ce que je viens chercher, pouvez-vous me le demander ? et c'est mon époux ? — Osez-vous, perfide, profaner ce nom sacré, après la trahison que vous m'avez faite. — J'avoue que quelqu'étonnante que sa conduite me parût, je n'avois pu croire qu'il me traitât avec cette indignité, et des injures si peu méritées me révoltèrent ; je ne me sentis plus la volonté de me justifier. — Est-ce ainsi, lui dis-je, que vous cherchez à réparer vos torts envers moi, et lorsque l'amour le plus tendre m'amène ici, est-il possible que je ne reçoive que des marques du plus injuste mépris ! — Votre audace, reprit-il, ne me surprend pas ; quand à quinze ans on est capable de se conduire, avec celui qui auroit donné sa vie pour vous, ainsi que vous l'avez fait avec moi, on doit ajouter le mensonge à la ruse ; mais ne vous flattez pas de me tromper encore. Je vous revois plus belle que vous n'avez jamais été, mon lâche cœur combat pour vous, mais la raison et l'honneur me garantissent de vos piéges, et ne prolongez pas plus long-temps une scène déchirante. Chaque mot qu'il prononçoit perçoit mon âme, je ne sais comment je ne suis pas morte dans cet affreux moment. Barbare, lui dis-je, que t'ai-je fait ? quel est mon crime envers toi, si ce n'est de t'adorer ? N'est-ce donc pas assez de pleurer ma fille, faut-il que son père m'abandonne. — Son père..... Je vous plains d'être privée de cet enfant, mais je vous le répète, retournez vers celui..... — Mais, de qui voulez-vous donc parler, repris-je avec un peu plus de calme ?.... faut-il, mon cher Célicour, que le poison de la jalousie vous ait troublé au point de vous imaginer..... — Malheureuse ! dit-il en m'interrompant avec l'accent de la rage, osez-vous ? ah ! ne me forcez pas à rougir, et délivrez-moi de votre odieuse présence. — C'en est trop, ô le plus cruel et le plus indigne des hommes! vous voulez ma mort, vous serez satisfait; et je fis un pas pour sortir: soit que le désespoir qui paroissoit dans mes regards, lui fît craindre que je me portasse à quelqu'excès, ou que par un reste de tendresse il parût se calmer, il reprit d'un ton plus doux : — Non, ce n'est pas votre mort que je veux, j'aurois donné ma vie pour rendre la vôtre heureuse ; mais je vous demande le repos, puisque vous avez détruit pour jamais mon bonheur. Il en est temps encore, suivez le conseil que je vous ai donné dans ma dernière lettre. — Non, non ! moi prononcer des vœux, lorsque les sermens les plus sacrés nous unissent, pouvez-vous en méconnoître la sainteté ; je ne vous cache point que je viens de traverser la France, une partie de l'Allemagne, pour trouver mon frère, pour lui peindre l'horreur de ma situation. — Dieux ! reprit-il avec la plus extrême colère, c'est mon sang que vous voulez, eh bien ! je pars, j'irai trouver ce frère dont vous osez me menacer, ce sera moi qui l'instruirai de votre conduite ; c'est à lui que j'en demanderai compte, et ce sera dans le sang de l'un de nous que sera lavé l'opprobre que vous faites rejaillir sur tous les deux. Ne croyez pas que les mers soient un obstacle, je les traverserai, j'irai d'un bout de l'univers à l'autre, pour assouvir ma vengeance ; et si le ciel est assez injuste pour me laisser succomber dans ce combat, je trouverai au moins le terme de mes souffrances..... Je sentis l'imprudence que je venois de faire en lui parlant du comte d'Ormont, je voulus, mais trop tard, la réparer ; tout retour dans son cœur étoit fermé à jamais. Cependant, l'idée que mon frère ou mon époux périroit pour moi, me fit éprouver un si terrible effroi, que je ne vis plus que ce danger, et j'oubliai le soin de ma gloire pour me garantir de cet affreux malheur; je pressai, je conjurai le cruel qui déchiroit mon cœur, de quitter une résolution aussi funeste. Rien ne pouvoit le fléchir. — Eh bien! lui dis-je, je renonce à vous, à l'univers entier; mais je n'irai pas prononcer des vœux sacrilèges. Indiquez-moi toute autre retraite, où je puisse m'ensevelir, sans y être parjure; je vous promets de n'en pas sortir, et que personne n'entendra jamais parler de moi. — Si je pouvois compter, dit-il, sur cette parole, je renoncerois à mon dessein. — Ah! que vous coûte-t-il d'en faire l'épreuve, ne serez-vous pas toujours à même de suivre vos sanguinaires projets, quand vous verrez la triste Amélie reparoître sur la scène du monde, et réclamer ses droits sur vous ? Vous voyez déjà que j'ai changé de nom, celui que je porte sera celui sous lequel je mourrai, dès que je n'ai plus l'espoir de porter le vôtre. Il parut se recueillir quelques instans. — Il faut éviter tout éclat, dit-il, il paroîtroit extraordinaire que vous ne restassiez pas à dîner ici. Je suis seul, aucun de mes gens ne vous connoît, j'ai pris la précaution de congédier ceux qui m'avoient suivi à Maubeuge. Restez ici, je vais écrire à la prieure de Saint-Eloi, en Périgord, que j'ai connue autrefois ; je vous adresserai à elle comme la fille d'un de mes amis, en lui demandant le secret sur la liaison qui paroîtra entre vous et moi. C'est une femme d'un grand mérite, et qui aura pour vous, à ma recommandation, les plus grandes attentions..... Permettez-moi de vous faire une question, avez-vous les moyens d'exister ? — J'ai vendu mes diamans, et il me reste en billets des fermes environ vingt-cinq mille francs; c'est plus qu'il ne me faut dans ce pays là pour y être avec considération. Je ne pouvois comprendre comme il entroit avec moi dans ces détails. Hélas! me disois-je, ce n'est peut-être qu'une épreuve, et je sentis renaître dans mon cœur l'espoir d'un retour que j'ai attendu inutilement. Il me quitta pour aller écrire, et peu après il me remit la lettre : je la lus, elle étoit remplie d'éloges les plus pompeux, et peignoit le désir que j'eusse assez d'agrémens dans cette maison pour ne pas souhaiter en sortir. Après l'avoir lue, je la lui rendis sans rien dire. Il la cacheta; on vient avertir qu'on étoit servi, il me donna la main pour passer dans la salle à manger. Il avoit l'air calme, et soutint la conversation avec une présence d'esprit qui me causoit un extrême étonnement ; pour moi, je ne répondois que des monosyllables, et mon cœur étoit tellement brisé, qu'il m'étoit impossible de manger : quand je pensois que j'allois encore me séparer de lui, j'étois prête à m'évanouir, et si je n'avois eu l'idée que ma résignation et ma patience le ramèneroient à moi, je n'aurois jamais eu le courage de le quitter. A la fin du repas, il se plaignit de ce que mes affaires ne me permettoient pas de prolonger mon séjour, et craignant que je ne parusse céder à ses instances, il ajouta aussitôt : — Mais ellesson t si essentielles, que je me reprocherois un moment de retard, et tout de suite il donna ordre que mon postillon mît les chevaux. Je le regardois avec la plus touchante expression ; mais il fuyoit mes regards. A peine étions-nous sortis de table ;

que ma voiture avançoit. — Déjà, dit-il, mais il le faut, et sans me donner le temps de rentrer dans le salon, il m'entraînoit, plutôt qu'il ne me conduisoit sur le perron ; je serrai sa main avec la plus vive tendresse. — Vous le voulez, lui dis-je à voix basse, je pars ; la malheureuse Amélie va cesser d'exister pour sa famille, mais toujours elle ne vivra que pour vous. — Adieu, madame, reprit-il assez haut pour être entendu, je désire que votre voyage soit heureux, et que vous réussissiez dans l'objet de vos démarches, trop heureux d'y avoir contribué. — Aurai-je, lui dis-je encore fort bas, de vos nouvelles ? Il ne me répondit rien, et me portant dans la voiture, il me salua et fit signe au postillon de partir.

Je restai abîmée dans mes douloureuses réflexions. — Tout est donc fini pour moi, m'écriai-je involontairement, je n'ai plus personne à qui je pourrai confier mes peines. Mon père me hait, et c'est en vain que mon frère conserveroit le souvenir de notre tendre amitié, il faut qu'il ignore où j'existe, et plus je lui suis attachée et plus je dois tenir la parole que j'ai donnée à mon cruel époux. Mais qui peut lui avoir donné de moi d'aussi abominables idées. Ma conduite a toujours été si réservée; et je n'y avois aucun mérite, je l'aimois si tendrement que je ne connoissois d'autre bonheur que de le voir ; et loin de lui sa seule pensée m'occupoit. Je n'en eus d'autre toute la route que celle que j'avois rapportée de Célicour, il me sembloit que je n'arriverois jamais assez tôt dans ce tombeau où j'allois m'ensevelir vivante. Enfin, je me trouvai dans les cours du prieuré.

Une chaise de poste étoit un événement à Saint-Éloi. Je m'aperçus au mouvement que j'occasionnai, qu'il étoit rare d'y voir des étrangers. Je demandai la prieure, on me conduisit à son parloir, où je lui remis la lettre du comte ; elle m'accabla de politesses, et faisant ouvrir promptement les portes, elle me mena dans son appartement. J'avoue que l'aspect de cette maison, si j'avois été moins malheureuse, n'avoit rien qui pût me déplaire. Le pays étoit sauvage, mais pittoresque, les jardins vastes, et les bâtimens en assez bon état. Mon arrivée fit la nouvelle de toute la communauté ; on m'entoura, et cet empressement, dans la situation où j'étois, ne pouvoit que m'être désagréable ; aussi le dis-je à la prieure, le même jour, en la prévenant que je voulois être seule : elle me répondit que l'on mettroit tous les soins à me plaire. Je demandai à voir le logement qu'on me destinoit. — Il n'y en a point qui soit digne de vous, me répondit la louangeuse prieure ; mais en attendant que l'on vous fasse arranger celui que vous voudrez occuper, le mien sera à votre service. — Non madame, cela vous dérangeroit, et troubleroit la retraite absolue où je veux vivre et mourir. Je pris donc une cellule de religieuse, jusqu'à ce que l'appartement que choisis fût prêt. Je donnai à la maison quinze mille francs pour y être logée et nourrie ma vie durant ; je priai le notaire de me placer les dix restans, dont l'intérêt étoit plus que suffisant pour mon entretien, et me procuroit même le plaisir de faire quelques présens aux religieuses. Quand tous ces arrangemens furent faits, je ne m'occupai plus que de rendre supportable le genre de vie où je me voyois condamnée, avant seize ans, par un enchaînement de malheurs dont il y a peu d'exemples. Je trouvai une bibliothèque assez bien montée ; j'offris à ces dames de tenir leur orgue pendant l'office, l'organiste étant morte depuis peu de temps ; ce qui me procura l'avantage de ne point négliger des talens qui, j'espérois, pourroient m'être utiles ; j'avois demandé aussi une petite portion de jardin, pour y cultiver des fleurs ; par la suite, j'y fis construire une volière. J'y passois la plus grande partie du jour, sous un berceau de lilas et de chèvre-feuille. Là, j'y relisois les lettres de Célicour, et lui en écrivois souvent, qui toutes restoient sans réponse. Le matin je me levois avec l'espoir que la journée ne se passeroit pas sans qu'il vînt me chercher, et le soir je me couchois avec la douleur de n'avoir eu de lui aucune marque de souvenir.

Je lisois les papiers publics avec grand soin, et c'étoit la seule manière dont je pouvois avoir des nouvelles de ce que j'aimois; je n'y lisois pas ces noms chéris sans le plus grand attendrissement. Ce fut par eux que j'appris que mon père étoit mort. J'en éprouvai une bien vive douleur; la pensée qu'il avoit cessé d'être sans m'avoir pardonné, m'accabla, et ce fut le commencement des longues souffrances qui m'ont insensiblement conduite au tombeau. J'y vis aussi que mon frère avoit perdu sa femme; mais j'ignorois jusqu'à l'arrivée de madame de Walmore, s'il e avoit eu ou non des enfans. Je le plaignis d'être séparé de celle qui avoit été sa compagne, et je sentis qu'il pouvoit y avoir des maux plus cruels que ceux que je souffrois. Quinze ans s'étoient écoulés sans que j'eusse joui un seul instant des charmes de l'amitié et de la confiance; on me regardoit dans la maison comme un être insociable, et j'avois tellement repoussé les premières questions, que personne n'étoit tenté de m'en faire de nouvelles. Le directeur n'obtint point la moindre confidence, ce qui le surprit fort. Alors on me crut protestante, et l'on eut presque des scrupules de s'étoit engagé avec moi. Mais il auroit fallu me rendre la somme que j'avois donnée, et comme cet argent avoit été de la plus grande utilité pour la maison, que d'ailleurs on étoit enchanté de mes talens sur l'orgue, et de la manière dont je chantois, on me laissa tranquille.

Celle qui m'aimoit le moins, étoit la prieure, ayant cru que de la manière dont M. de Célicour m'avoit adressé à elle, je lui devois une entière confiance; mais sa morgue, ses petites pratiques de dévotion et son esprit tracassier, me la rendoient insupportable. Elle mourut, et ce fut une joie pour la communauté, qu'elle ne rendoit pas heureuse. On nomma pour la remplacer madame de Saint-Antoine, qui étoit de l'abbaye de ce nom à Paris. Quelle différence dans ces deux femmes, quoique portant le même habit ! Je me sentis entraînée vers elle, sa douceur, les grâces de son esprit, sa touchante et sublime piété, m'inspirèrent pour elle une vénération et une amitié sans bornes ; elle goûta ma société, comme la sienne faisoit mes délices, et elle obtint bientôt toute ma confiance, en demandant seulement de lui taire le nom de l'auteur de mes maux ; quant à celui de mon frère, ne me connoissant que sous celui de Lesseville, elle ne crut pas qu'il s'appeloit d'Ormont. Je prie mon amie, ma chère Athanaïse, de le lui laisser ignorer ; elle n'en seroit pas instruite elle-même, si les relations qu'elle a eues avec mon frère ne me donnoient pas la confiance qu'elle voudra bien après ma mort lui faire passer ce triste récit. Je veux qu'il sache que je ne me suis imposé la loi de ce rigoureux silence, que par tendresse pour lui, et que mon cœur, partagé entre lui et mon époux, s'étoit fait une douce habitude de ne penser qu'à eux. Notre chère prieure avoit rendu ma retraite presqu'heureuse, et les années et les réflexions, ayant calmé mon imagination, je n'éprouvois plus ces angoisses terribles qui avoient si long-temps rendu ma vie un supplice habituel. Mais cette tranquillité n'avoit point détruit ma tendresse pour Célicour ! j'avois besoin de son existence pour supporter la mienne. Cependant, les papiers publics, que je continuois toujours à lire, m'apprirent qu'il avoit fini

fini sa carrière. L'espérance qui ne nous quitte jamais, même quand nous ne paroissons plus espérer, m'avoit toujours soutenue dans le temps de mes malheurs ; sa mort la détruisit pour jamais, et cette séparation éternelle me parut aussi sensible que si j'avois passé mes jours auprès de lui ; j'éprouvai des attaques de nerfs si violentes, que je suis resté courbée, sans pouvoir me relever ; il n'est pas une seule partie de mon être qui ne soit dans une souffrance continuelle, et la mort qui vient s'offrir enfin, est le port où j'aspire ; cependant, je ne puis me dissimuler que je quitte à regret l'aimable Athanaïse : un charme inconnu m'attire à elle, je sens qu'elle m'auroit fait supporter la vie ; mais je vais rejoindre un époux adoré, malgré ses injustices, et mourir est pour moi un bonheur. Puisse celle à qui je confie ces mémoires, vivre heureuse, et jouir au moins du prix de son sacrifice: ce sera le dernier vœu de la triste, mais bien tendre,

AMÉLIE. »

FIN DU SECOND VOLUME.

www.ingramcontent.com/pod-product-compliance
Lightning Source LLC
Chambersburg PA
CBHW071516160426
43196CB00010B/1543